平凡社新書
813

内部告発の時代

深町隆
FUKAMACHI TAKASHI
山口義正
YAMAGUCHI YOSHIMASA

HEIBONSHA

内部告発の時代●目次

はじめに

山口義正

仏教ではお酒のことを般若湯《はんにゃとう》と呼ぶそうだ。般若とは真理を悟る知恵、つまり仏の知恵を意味するから、般若湯と言えば「それを飲めば仏のありがたい知恵が湧いてくる摩訶不思議な飲み物」という意味が込められているのだろう。どこかの酒飲み坊主がつけた呼び名に違いない。

筆者がオリンパスの損失隠し事件をスクープして数ヵ月経った頃、僧侶で翻訳家でもあるミラー和空《わくう》氏を「般若湯の修行をしませんか」と言って誘い出した。和空氏は、オリンパスの不正会計を追及しようとして社長を解任されたマイケル・ウッドフォード氏の盟友であり、日本を追い出されるようにして離れた氏の代理人として日本で八面六臂《はちめんろっぴ》の活躍を見せた米国人である。

料理店の座敷に上がり、不謹慎な法会《ほうえ》を開いて酒を酌み交わしていると、衝立の向こうから会社員と思しき四～五人の男性の話し声が聞こえてきた。

「おまえなら内部告発するか？」

つい耳をそばだてた。その頃、オリンパス事件が内部告発によって発覚したことが、世間で知られるようになっていた。

店内は賑やかだったために彼らの話は詳細まで聞きとれなかったけれど、議論は白熱しているようだった。他の店でも同じような会話を聞いたことがあったから、もはや一般のサラリーマンにとっても内部告発は自分に無関係の問題ではなくなっているのだろう。

同時に内部告発される側の企業も、危機に際して内部告発にどう対応するかを具体的に練り始めており、「一つ対応を間違えれば、企業にとって命取りになりかねない深刻な問題」と考えるようになってきた。企業側にとって内部告発は、決しておろそかにしてはならない重要な管理項目になっているのだ。告発する側も、される側も「内部告発」という抜群の破壊力を持つ最終兵器をどう取り扱うべきなのか、身近な問題として考えざるを得なくなっている。

そしてオリンパス事件から四年後、今度は東芝を舞台に、内部告発で不正会計が暴かれた。オリンパスも東芝も、不正の数々が明るみに出るにつれて社内から新たな内部告発者が次々と現れて経営陣を追い詰めていった点で共通しており、内部告発の形を借りた社内の〝暴動〟や〝内乱〟と言ったほうが、より問題の実相を表しているのではないだろうか。

病院を舞台とした医療ミスが明るみに出るのも、内部告発によることが多い。群馬大学附属病院の医療ミスが白日の下にさらされたのも、内部告発によるものだと言われる。

全国のホテルで相次いで発覚した食材偽装、日展の入選数割当問題など内部告発がきっかけになって明るみに出た不正や不祥事は実に多い。新聞やテレビで日々報じられる様々な不祥事には内部告発が発端であるのを伏せて報道されるケースも多いだろうから、水面下ではどれほどの内部告発が潜んでいるか見当もつかない。企業に限らず、漏れてはならない秘密を抱えている組織の長にとって、恐ろしい時代になったと思う。秘密を秘密として維持できず、対処を一つ誤れば、組織の長は社会的に再起不能になるほど叩かれるのだから。

「内部告発」が流行語になったのは、二〇〇二年のことである。運送会社に勤めていたひとりの会社員が会社の不正について社内で非を鳴らしたところ左遷され、三〇年にわたって閑職に追いやられていたとして、定年退職まで三年ほど残す頃になって会社を相手取って裁判を起こした。これがマスメディアで大々的に取り上げられ、流行語のひとつになったのだ（この事件については本編で詳しく触れるとしよう）。

二〇〇二年を内部告発が流行語となって認知される年だとすると、オリンパスの損失隠しが内部告発によって発覚した二〇一一年は、その影響力が知れ渡るに従って、社会での位置づけが大きく変わった年と言えるだろう。

二〇〇二年にこの言葉が注目されたときには〝自分にはできないけど、何だかすごいね。パチパチパチパチ〟といった切迫感のない傍観者的な受け止め方だっただろうが、今は違う。いつか自分が関わるかもしれない（もちろん自分が告発する側として関わる場合もあるだろうが、上司として部下から告発される恐れもあるだろう）という切実な問題意識とともに受け止められるようになった。

すでに述べたように、急増のきっかけは筆者自身も大きく関わったオリンパスの損失隠し事件である。社長自らが不正の告発に動き、旧経営トップら七人が逮捕されるという大事件に発展した。ご存じのようにオリンパス事件は日本国内ばかりか、英国を中心とした欧州全土と米国で報道合戦がヒートアップし、同社は世界中の衆目の前ですべての名誉を剝奪されたうえで公開処刑されるような形になった。この一部始終を見て日本人は思ったであろう。

「内部告発とはこれほど破壊力の大きい武器なのか」「これは使える」――と。

しかし告発と引き換えに失う物は少なくないはずだ。たとえ不正の告発が社会的正義に適うものであっても、上司や同僚から「あいつらは裏切り者だ」と思われれば陰に陽に嫌がらせを受けるのが日本の社会だし、昇進や昇給に影響するのは間違いない。そこまでひどくなくても、周囲の人たちは距離を置こうとするかもしれない。

それでも告発に踏み切る人が増えているのはなぜだろうか。

告発者たちが撃とうとする対象は大抵の場合、古びていて風通しが悪く、自分の愚かさに気づかないほど頑迷で、臆病なくせにズルく、どうしようもなく無責任で、利己的かつ排他的で、それでも一度中に入り込んで身も心も委ねてしまえば楽チンな世界だ。その世界をムラ社会、あるいは日本社会と呼び変えようか。

内部告発とは、自分が所属する組織の不正を糾弾する行為であると同時に、自分が所属するムラ社会そのものを撃つ行為でもある。だからこそ日本社会の閉鎖性が浮き彫りになるし、いったん告発してしまえば骨肉の争いに発展せざるを得ない。返り血を浴びることなく、告発できないものか。

しかし般若湯をがぶ飲みしても、「内部告発はこうすればうまくいく」という知恵ばかりは湧いてこない。そもそも必勝法などなく、告発したからといって報われるとは限らないのだ。筆者の経験から言って、内部告発を考えている人たちは悲痛なほど孤独な闘いを強いられることが多いし、告発によって孤独をさらに深めてしまうケースも少なくない。

裁判を経て判決が確定した後も、十字架を背負ったままの人が多いのも事実だ。だから筆者は軽々に内部告発を勧めることはできない。

一方、内部告発が過度に噴出する社会はどこか歪んでいるのであろう。日本で内部告発が増えてきているのは、社会全体に潤滑油が不足してギスギスしていることの写し絵なのだ。それが頻出する企業は事業の停滞を招き、社会問題にならないとも限らない。そうした点から眺めると、内部告発の必要性を主張し、その方法さえ説く本書は「社会に望ましくない影響を与える悪書」にならざるを得ない。

それでも荒療治でなければ改まらない問題は少なくないだろうし、自分のプライドや尊厳を賭けて告発すべきか迷っている人々にとってヒントになれば幸いである。筆者は不幸な内部告発者が増えないように、沈鬱な気持ちのまま、一抹の迷いや自家撞着《どうちゃく》を抱えつつ〝悪書〟を書く。

Ⅰ部は山口が、Ⅱ部はオリンパス事件の第一通報者の深町隆が執筆した。Ⅰ部は内部告発をめぐる状況論であり、Ⅱ部は第一通報者という事件の当事者の立場から見たドキュメントである。

なお、本書で言う内部告発とは、法律で定義づけられた狭義のものに限らず、世間一般で言われる広義のもの、つまり事情をよく知る関係者が組織の内外に向かって非を鳴らし、不正を明らかにすること——としておく。

もうひとつ決めておきたいのは、告発される側を本書ではあえて「会社」あるいは「企業」などと表記することだ。内部告発の対象になる組織は事業会社だけではなく、病院や公益社団法人、社会福祉法人など様々だ。法律ではこれらを「事業者」という言葉でひと括りにしているが、あまりにも無味乾燥な言葉であるために読者が身近な問題として意識するのは難しい気がする。読み手の立場や必要に応じて読み換えてもらいたい。

I

内部告発をめぐる現在

山口義正

1　何が告発に駆り立てるのか

何を支えにどう闘ったか

「内部告発」という言葉を聞いて、どんなことを思い浮かべるだろうか。どんなイメージを持った言葉だろうか。どす黒くて、陰謀めいて、孤独で、時に破壊的で、できれば関わりたくない……。明るくさわやかなイメージとは相容れない、むしろそれとは対極的な使われ方をする言葉だ。

そう、内部告発という言葉にはどこか過激な臭いが籠《こも》り、不穏で陰湿なニュアンスが付きまといがちだ。こうした言葉の持つイメージが、人に内部告発をためらわせ、忌避させる部分があるように思えてならない。そのせいか、大企業で内部告発事件があるたびに「組織内で権力抗争があり、当事者の一人が部下を使って内部告発させた」などという噂や陰謀説が立ち上る。

しかし、本当にそうだろうか。むしろ逆のケースが決して少なくないことを記しつつ、社会が内部告発をどう受け止めようとしているのか、具体例を紹介しながら、変化を探っていきたい。

内部告発者は、誰も告発したくてしているわけではない。ごく当たり前の職業意識や価値観を持った人々が何かのはずみで、組織内で仲間外れにされたり嫌がらせを受けたりして、告発者になるまでに追い詰められたというケースがほとんどだ。

たとえば自社で生産している食品に、原材料表には表記されていない添加物が使われており、あなたがそれに気づいたとする。このままでは消費者に対する背信行為になり、最悪の場合には健康被害が生じてしまうかもしれない。当然、あなたは上司に「やめたほうがいいのではないでしょうか」と進言するだろう。

それだけのことなのに、思わぬ反発や過剰な叱責が返ってくる。「お前には関係ないことだ。黙って持ち場に戻れ。それとも地方の営業所に飛ばされたいか」――。

会社には「正規の添加物は価格が高騰している」「消費者に健康被害が発生したという報告はないし、期日までに納入できなければ後の取引に差し障りが生じる」といった事情があるのだが、あなたには「消費者の安全と利益が第一」という譲れない大義がある。

しかしすでに消費されてしまった数量は多く、在庫を回収し廃棄処分した場合の損失は大きい。問題は言い訳のしようがないほど大きくなってしまっており、隠し通すしかなくなっているのだ。あなたはそれらを詳細に知るにつれて、会社の隠蔽体質や上司たちの事なかれ主義に我慢できなくなって、会社上層部に訴えた結果、ますます孤立を深めてしまう……。

内部告発に駆り立てられた人たちの典型的なパターンは、まあこんなところだ。

看護師の高田美恵さん（仮名）もそんなふうに追い詰められた一人だ。西東京市の障害者支援施設で働いていた高田さんが、内部告発するに至った経緯を綴《つづ》っておこう。高田さんのエピソードほど我われに多くの教訓を伝えてくれるものはない。光は差さず、声なき声は誰の耳にも届かず、絶対的な権力者に虐《しいた》げられるしかないような環境下で、彼女らが何を支えにどう闘ったかを紹介するだけで、その教訓はおのずと伝わるはずだ。

同時に、市井《しせい》に生きるごく普通の人がどのように内部告発者になっていくのかを知れば、あした内部告発するのはあなたかもしれず、また告発されるのがあなたかもしれないこともよくわかるはずだ。

障害者支援施設での日常的な暴行

知的障害者支援施設「たんぽぽ」は、障害者の生活をサポートし自立を支援するためのものだ。ここでは支援を受ける障害者を「利用者」と呼んでいる。たんぽぽには障害の程度も年齢もまちまちな利用者が五〇人ほどおり、四〇人前後の職員がその介助に当たっていた。

高田さんが非常勤の看護師としてたんぽぽで働き始めて間もない二〇一二年八月一七日のことだ。この日の東京はよく晴れて残暑が厳しく、気温が三六度近くまで上がった猛暑日である。障害を持つ利用者たちが昼食をとるため、施設内にある食堂に集まる時間帯に事件は起きた。

「なんだ、バカヤロー！」

高田さんが詰めていた保健室の外で男の怒声が轟《とどろ》いた。施設に勤める三〇代の男性職員の声だった。驚いて部屋から飛び出したとき、高田さんの目に飛び込んできた光景はその後、数年にわたってＰＴＳＤ（心的外傷後ストレス障害）に悩まされるほど衝撃的なものだった。職員が利用者に馬乗りになり、一方的に殴りつけていたのだ。職員は「うるさい！」と胴間声《どうまごえ》をあげては拳を振り上げ、「謝れ！」と怒鳴っては殴打した。施設内に肉を打つ音が響く。利用者は顔面を殴られるたびに後頭部を床に打ちつけ、ごつん、ごつんと鈍い音をたて続けた。危険な音だった。殴打は十数発続いて、ようやく終わった。その間、制止しようと割って入った者は誰もいない。

高田さんは初めて目にした暴力に「どうしたらいいかわからず、オロオロするばかりで動けなくなってしまいました」と少し辛そうに振り返る。信じられないような事態が、あってはならない場所で起きてしまえば、誰だって足がすくむ。ましてや証拠に残すため、冷静に暴行の様子を写真撮影したりICレコーダーで録音したりすることなんてできるはずがない。

殴られた利用者は明らかに顔を腫らし、怪我もしていた。ところがどういうわけか夕方四時の勤務交代では引き継ぎ事項として報告されることもなかった。妙に思った高田さんが同僚に相談したところ、同僚は困ったような表情で「そうした暴力事件はこれまでも頻繁にあり、いつも限られたメンバーが繰り返している。けれど理事長の庇護《ひご》を受けているために問題として採り上げられることはないのだ」と打ち明けた。

たんぽぽの理事長は企業を経営する地元の名士で、問題の職員たちはその企業から施設に移ってきた者たちだったそうだ。しかも彼らは理事長の庇護を受けており、問題が改まることはなかった。

施設の上司に相談すると、翌日から彼女に対する態度はよそよそしくなり、改善に向けた話し合いの機会さえ持たれることはなかった。施設内には暴行などの問題を見て見ぬふりをするのが当たり前になっており、あえて声を上げる職員はいびり出されてしまうのだった。当然、その日の暴行もごく日常的な「事件にならない事件」として片付けられた。その一方で高田さんはその事件を境に、殴打の場面が突然、鮮明に脳裏によみがえるフラッシュバックや不眠などの症状を引き起こすようになった。典型的なPTSDである。人は生命の危機にさらされたり人間としての尊厳が脅かされたりするような、精神的に強い衝撃を受けた時にPTSDを生じるという。

後に高田さんはたんぽぽで虐待が繰り返される状況を改めようと、仲間とともに内部告発に踏み切る。高田さんたちの場合、内部告発はあくまでも利用者のためを思ってのことだが、一般論で言えば、内部告発は告発者自身の悲痛な叫びに突き動かされるという一面を持つ。前述したようにPTSDが人間の尊厳が脅かされるような場面に遭遇したことで生じるものならば、高田さんの内部告発は、人間としての尊厳を取り戻すための取り組みそのものだったと言い換えることもできるだろう。あるいは内部告発するのは、人間としての尊厳を踏みにじられた人たちが多いのかもしれない。

自らに向けられた矛先

話を高田さんの日々の仕事に戻そう。

利用者にケアが行き届いている福祉施設かどうかは、「(利用者の) 足を見ればよくわかる」と彼女はいう。ケアが不十分な施設では水虫に治療薬が塗布されずに放置され、症状が進んでいるからだ。ただれなどの症状がひどくなるまでにはそれなりの日数がかかる。利用者の水虫がひどく悪化していれば、ケアの劣悪さが長期間にわたっていることを意味する。たんぽぽも例外ではなく、水虫を患う利用者は症状がかなり進んでいた。看護師不在の時期もあり、水虫薬を塗ってもらうこともできず、「もったいないから」という理事長の指示で入浴も満足にできなかったのだ。

ティッシュペーパーを細長く折り畳んで、それを足の指の間をくぐらせるようにして渡し込む。その上から靴下を履くと、それだけで空気の通りがよくなり、水虫は症状が改善するそうだ。看護師が持っている濃《こま》やかな知恵である。高田さんはいつでも使ってもらえるようにと、暇を見つけてはティッシュペーパーを折り畳んで数多く用意しておいたが、職員の間でそれが使われることはなかった。職員たちはむしろ「余計なことをするな」と言わんばかりの態度だった。

他にも問題の職員たちが仮眠をとるため、利用者をトイレの便座に縛りつけたり、利用者の所有物を隠して嫌がらせをし、不安がったり度を失ったりした利用者を殴りつけることさえあったという。そうしたことが日常的に行われていたため、利用者たちがこっそり集まり、たどたどしい滑舌で「また、殴られちゃうよ……」と怯《おび》えながら囁き合っているのを耳にしたこともある。

たんぽぽは二〇〇二年にも東京都社会福祉協議会から経営陣の刷新を含めた運営状況の改善を求められたことがあったが、民間団体の改善申し入れには法的拘束力はなく、お世辞にも真摯《しんし》に改善に取り組んだとは言えない状況がそのまま残っていた。障害者に対する虐待だけでなく、劣悪な衛生状況も半ば放置されるなど、東京都や西東京市など行政の〝やりっぱなし〟も施設側の不誠実な対応の遠因になっていたのだった。

問題職員らの嫌がらせは、やがて高田さんにも矛先が向けられた。検診などのために施設にやってくる医師たちの前で能無し呼ばわりされたり（看護師の資格を持たない職員が、有資格者の高田さんの能力が低いと罵《ののし》ったのだ）、汚れた手袋を机の上にわざと放置されたりした。

嫌がらせはさらにエスカレートした。高田さんは利用者が服用する薬を一回分ずつ揃えて用意しておくようにしていたが、これがすり替えられたことが何度もあった。用法・用量の違う薬を処方された健康上のリスクは、何の責任もない利用者が負わされ、その責めは高田さんが負った。

外部からの監視の目が届かない閉ざされた組織の中にいると、人は自分の醜さや愚かさ、見苦しさが見えなくなるものらしい。そしてはっと気づいたときには問題が深刻になり過ぎて、対外的に公表できなくなっているのだろう。

利用者家族たちの反発

高田さんがたんぽぽを退職したのは、暴行事件の二ヵ月後だった。現役の従業員でなくなった高田さんは公益通報者保護法による保護の対象にならなかったが、同僚とともに周囲に相談しながら、さんざん迷った末に行政への通報を決める。

「自分が目撃した暴行だけなら、退職という形で逃げ出して終わりにしたかもしれません。けれど、虐待やネグレクト（監護放棄）が日常的に行われてきたうえ、施設の設立者である理事長の問題意識の欠如が多くの問題の元凶だったから」

虐待を受けている利用者のことを誰も真剣に考えないから、いや、考えていても行動に移せる人がいないから私たちがやるしかない。通報は利用者のためであると同時に、自分自身の内面の問題でもあった。高田さんは「自分の娘にも〝人が見ていなくても正しいことをするように〟と言い暮らしてきた以上、暴行をなかったことにはできなかった」と言った。「人として良心に逆らえません」とも話した。

こうした内部告発につきものの難しさも味わった。良かれと思って内部告発に踏み切ったのに、一時的ではあったが、利用者の家族から反発を受けたのだ。

「あなたが余計なことをしてくれたから施設を出て行かないといけない。他に行くところなんてないのに……」

行政の要求に押される形で施設側が設置した第三者委員会がたんぽぽの実態調査に乗り出したことで、理事長たちが態度を硬化させ、暴行を受けた利用者が逆に退所を迫られたのだった。理事長は利用者の保護者を繰り返し呼び出しては「あんたの息子がいたら施設がなくなる。出て行け！」と言い放った。知的障害者の支援施設は数が少ない。これを追い出されると利用者は行き場がなくなってしまい、利用者と家族は共倒れになってしまうのだ。それでなくても利用者の家族たちはこれまで多額の寄付を求められ、それに応じていた。一五〇〇万円を納めた家族もいた。それなのに一方的に出て行けと言われる理不尽さには、言葉に尽くせぬ悔しさがあったはずだ。

高田さんたちは「この先、同じような暴行事件が起きないようにするためにも、他の利用者のためにも賛同してほしい」と家族たちを説得し、施設側の不正を裏付ける証拠を集め続けるよりほかなかった。その後、高田さんたちは施設側から様々な妨害や嫌がらせを受けたり、行政側の不手際もあったが、紆余曲折を経て第三者委員会がたんぽぽでの不正の数々を調べ上げた。第三者委員会は職員による四二件の不適切行為のうち、一四件を虐待と判断、行政もこれを認めた。

利用者に対して殴る、蹴るの暴力行為、シャワーで冷水を浴びせる、トイレでの拘束、脅しや嫌がらせ、ネグレクト――などが認定された虐待行為である。

紙幅の都合上、虐待行為を短く書きとめるだけでは深刻さが伝わりにくいが、読者には、一つひとつの虐待が世間から隔絶された場所で、弱者に対して一方的に繰り返されてきたことの悪質さや陰湿さを想像してもらいたい。

経済的な負担と人間不信

二〇一四年九月、高田さんたちの主張は認められ、たんぽぽには行政処分が下った。新規利用者の受け入れを一二ヵ月間停止すること――。処分理由は、前年に行政処分を受けた後も理事長らが障害者虐待の誤った認識を改めておらず、人権擁護や虐待防止の取り組みが不十分であること、障害者支援施設として障害者の人格を尊重して、障害者のため忠実に職務を遂行していないことなどである。

利用者に虐待を繰り返していた職員三人は施設を去り、二〇一五年二月には理事長・副理事長夫妻も辞任した。利用者と職員の誰もが知っている事実を公的機関に認めてもらい、たんぽぽとその責任者に当たり前の責任を取らせる――。これだけの結果を勝ち取るだけのことだったが、行政はなかなか動いてはくれなかった。

虐待行為の実情を訴えるために二年半もの間、東京都庁へ通い詰めた結果、交通費だけで貯蓄が底をつくなど、経済的な負担も大きかった。活動の途中で理事長側に寝返った仲間もいたというから、人間不信に陥ったこともあったに違いない。

高田さんが職員による殴打事件を初めて目撃してから二年半が経っていた。勝因は、多くの協力者が現れて証拠や証言を徹底的に集めることに成功したことだった。「余計なことをしてくれた」と訴えた家族も、高田さんたちの取り組みに理解を示して応援してくれるようになっていた。理事長が次々に使い捨てにしてきた元職員たちも協力してくれるようになったことで、逆に理事長らの横暴さが暴かれたのである。高田さんたちは多くのものを失ったり、傷つけられたりしたものの、虐待行為は糾弾された。

さて、この本を手に取った人は様々な立場の人々であるはずだ。あなたは高田さんなのか、高田さんたちを支える側に回った同僚なのか、それとも施設の理事長や問題職員なのか、あるいは見て見ぬふりをした上司なのだろうか。

告発者の「次のステップ」

筆者が高田さんと知り合ったのは、公益通報者保護法の改正を求めるシンポジウムでのことだった。本来が経済ジャーナリストの筆者は、施設での暴行事件といった「社会部ネタ」に食いつくことは少ない。それなのにシンポジウムが終わるやすぐに高田さんに挨拶しに行ったのは、高田さんがその講演の中で「次のステップ」という言葉を二度ばかり使ったのが心に残ったからだ。もちろん「次のステップ」とは、内部告発の闘いを終えた後の第二の人生を意味する。内部告発は人生の岐路になりうるほどの重大事なのだ。

高田さんは自分の置かれた境遇や内部告発から逃げ出したくて、そうした言葉を使ったのではないだろう。人生の次の一歩を踏み出す前向きな気持ちを失っていないからこそ出てきた言葉に違いない。

内部告発のシンポジウムなどで告発経験者を直接取材すると、多くの場合「(人生の)次のステップ」を意識した言葉が返ってくる。彼らの多くは何年も法廷闘争を続けてきており、精神的にも経済的にも疲弊《ひへい》が甚だしいからこそ使われる言葉だろう。「どこまで闘うのか」「どうなったら矛を収めるのか」を意識し、常に落としどころを考えていないと、告発者は人生の収支尻が合わなくなってしまうだろう。

内部告発は時に悪魔的なほどに猛威をふるい、不正を暴くのと引き換えに告発者の心を歪めてしまうことさえある。いつまでもそこに引っ掛かってこだわるあまり、落としどころを見極められずに闘い続けてしまうのだ。不正や不条理に対する憤りや、それを正そうとする自分が理不尽な仕打ちを受けることに対する恨みは、想像もつかないほどの力強さで人の心を捉えて離さない。そうしたマイナスの感情は人を苦しめつつも、内部告発者が身も心もそれに委ねている間は甘美ささえ感じるであろう。しかも「不正を正す」という大義名分があるため、いつまでもそこにとどまって争い続けることを正当化してしまうのだ。内部告発者を批判しようとしているのではない。どこかで着地点を探らないと、家庭が崩壊したり、人生そのものが空疎なものになりはしないかと心配するのだ。

筆者が雑誌に書いた記事をもとに、オリンパスの損失隠し事件を調査して社長を解任されたマイケル・ウッドフォードさんも、第二の人生への転身は水際立っていた。一時はプロキシーファイト（委任状闘争）を仕掛けようと準備を進めていたウッドフォードさんは、家族の反対にあったうえ、日本の金融機関や機関投資家の賛同を得られそうになかったことから委任状闘争を断念した。

事件から三年ほど経った二〇一五年三月、筆者が電車の乗り換えで新宿の街を歩いていると、雑踏の中でウッドフォードさんとばったり再会した。互いに偶然を驚きながら立ち話をしたら、「今回は交通安全のボランティア活動で日本に来た」とのことで、こうした活動のために世界中を飛び回っているという。

「日本企業から社外取締役になってもらいたいとの申し出があったと聞いていますが、おやりにならないのですか？」と水を向けると、ウッドフォードさんはもうこりごりと言わんばかりに首をすくめて「もうそんなつもりはありませんよ。(会社の経営者なんて)もう昔の話」と笑った。

人間は誰でも個人の幸福を追求する権利がある。「それを犠牲にして世の中を変えたのだから、そうした生き方は無意味ではない」という見方もあるだろう。そういった考え方を否定することはできないが、そうした犠牲を個人が強いられるのはあまりにも酷だ。人並みの幸福を追い求めることすらできなくなってしまうのでは、やはりどこかに一抹のやるせなさを感じずにはいられない。

「復讐は蜜の味」という。施設の利用者を虐待し、これに異を唱えた職員を使い捨てにしてきた理事長らに報復を遂げるのは甘美なことだろう。

しかし今の高田さんは復讐心に身を焦がして生きているわけではない。高田さんは還暦を過ぎ、「自分に残された時間はあまり多くない」と言った。内部告発で失ったものは経済的にも時間的にも、その他の面でも多いことだろう。これから先の人生は、失ったものを回復し、人としての幸せを追い求めるための前向きな時間だ。決して「余生」ではあるまいし、まして生を偸《ぬす》もうとしているのではない。

高田さんが利用者に対する暴行現場を目撃して三年余りが経った。高田さんの今の夢は「絵本を出版すること」だという。すでに数冊分のストーリーや構想はできあがっており、いつか孫に読み聞かせたいという。これが高田さんの「次のステップ」だ。

社会の暗部に光を当てる

シンポジウムから一〇日余り経って、筆者はもう一度高田さんに会って話を聞きたいと思い、取材を申し込んだ。高田さんに尋ねてみたいことがあった。PTSDを発症した高田さんに辛いことを思い出してもらわなければならず、体調を心配しながらの取材になった。

──内部告発なんて誰でも人生に一度で十分なくらいに大変な経験だと思います。それでももう一度、（障害者虐待がされている）同じ場面に出くわしたら、きっと高田さんは同じように告発するんじゃないかと想像するのですが、いかがですか？

「今度はもっと上手に証拠を集めてやると思います。これからは自分の経験を伝えたい。内部告発は特別なことのように思われているけれど、もしも自分に同じような（虐待を受ける）ことがあったら……」

自らも辛い思いをしたためだろうか、高田さんの言葉には滲み出るような力がある。

「私たちの武器は真実だけでした」

取材を通じて、もうひとつ筆者の心に強く焼きついた言葉だった。

高田さんの言葉や態度に〝内部告発は密告であり、恥ずべき行為である〟という否定的な感情や後ろめたさはない。むしろ凜としたものを感じさせる態度だった。内部告発は密告などではなく、自分が参画する社会をよくしよう、正しく保とうとする前向きな行為なのだろう。政治家や官僚などの権力に対して常時監視の目を光らせないと腐敗が進みやすいのと同じで、誰の目も届かず、光も差さないところでは不正がはびこりやすい。内部告発は「後ろ暗い行為」ではなく、むしろ社会の暗部に光を当てる行為なのだ。

百歩譲って内部告発に後ろ暗い「負」の側面があるとしても、それによって社会が享受する「正」の影響があることは、誰もが認めざるを得ないだろう。社会全体が内部告発の受け止め方を変え、必要としつつある理由である。

内部告発案件に共通する困難さ

高田さんのエピソードを紹介したのは、内部告発を考える人にとって参考になる点が多いからだ。高田さんは内部告発を経験してみて、困難だと感じた点を挙げてくれた。

1、明らかな事実に基づいた公益通報であるにもかかわらず、嘘つき呼ばわりされて非難の対象となり苦痛を強いられるなど、個人的な犠牲や負担（経済的な負担も含む）

が大きすぎること。

2、問題解決までに時間がかかり、しかも解決までの目処《めど》も立たず不安にさらされ、次の就職に支障をきたしたこと。

3、行政は、訴え続けなければ動いてくれないこと。

4、告発対象の施設側が行政（東京都）を相手取って問題解決の引き延ばしとも思える訴訟を起こし、反訴した東京都は、聞き取り調査に応じた施設職員の証言内容を当事者の許可なく裁判に提出。それによって施設職員は施設側から恫喝《どうかつ》や嫌がらせを受けたこと。

これらはどれひとつをとっても、他の内部告発案件に共通する問題であり、難しさであろう。と同時に高田さんが伝えたい内部告発のポイントでもある。

筆者の知る限り、内部告発を経験した人たちは意志が強い。彼らの訴訟に加わった弁護士たちが舌を巻くほどの我慢強さを見せる。初めから強い人たちだったのか、それとも、時に暴力的ですらある〝組織の論理〟に踏み潰されないよう必死でもがいているうちに強くなっていったのか。そして強くなったことが幸せなことなのか、筆者にはわからない。

「いい人」が多い組織ほど要注意

内部告発は社会の暗部に光を当てて、不正を正す行為だと書いた。もうひとつの重要な役割は、不正を産み出す企業風土や、それによる悪影響の拡大を未然に防ぐことだろう。

悪質性の高い不正を犯した企業は、二度、三度と同じような不正に手を染めることが多く、しかもこれを隠蔽しようとする。不正に不正を重ねる企業風土や、それによる悪影響はしばしば社の内外に伝染してしまうため、早い段階でこれを見つけ、食い止めないと社会的な損失が大きくなってしまうのだ。

最もわかりやすい例を挙げてみよう。二〇一五年に化学及血清療法研究所（化血研）が四〇年にわたり、血液製剤の製造過程で国から承認されたのとは異なる添加物を無断で加えていたことが明らかになった。悪意や犯意を持ってやったことではなく、日々の業務に支障をきたすことがないよう、ひたすら〝まじめに〟仕事に取り組んでいたはずだ。しかしこうした姿勢は「事なかれ主義」と紙一重のきわどさがある。

化血研は八〇年代に非加熱の血液凝固因子製剤を使用したことで大問題となった薬害エイズ事件を起こした医薬品メーカーである。ＨＩＶ（エイズウィルス）に汚染された非加熱血液製剤を投与された血友病患者から多数のＨＩＶ感染者とエイズ患者を出した事件では、感染者は一八〇〇人に達したと言われ、化血研はミドリ十字（現田辺三菱製薬）とともに血液製剤を製造販売したとして提訴された（九六年に和解）。

このとき化血研は大きな社会的制裁を受けて、深く反省したはずだった。ところが第三者委員会の調査報告書によると、薬害エイズ事件を起こしたときにはすでに無断で添加物を使用しており、その不正については隠蔽を続けてきた。

あるいは薬害エイズ問題を起こしたばかりで、さらに傷を大きくしてしまうような新たな不祥事については、口が裂けても言えなかったというのが実際のところかもしれない。

これを暴いたのも、やはり内部告発だった。化血研の第三者委員会はその調査報告書で、問題の発覚が内部告発である可能性を指摘、その後の新聞各紙の報道でも「心が痛む」とする社員によって内部告発があったと報じられている。

ここで話は脱線する。筆者の勝手な想像だが、化血研の役職員には「いい人」が多かったのではないか。一人ひとりが優秀でまじめで、人柄に角張ったところがない。周囲の人々の気持ちをよく読み取り、汲み取れるから優しくもある。当然周囲との摩擦も起きにくい。恐らく「自分の良心にのみ忠実で、放っておくと何をしでかすかわからない人」や「周囲との衝突を恐れない人」は少ないだろう。

もしもあなたが、うちの会社にも、そのようないい人が多いなと感じたら、用心しなければならない。そうした人々の集団は時としてとんでもない方向に暴走してしまうことがあり、これほど恐ろしいものはないからだ。性格的に穏やかで丸みのある人たちの集まりだから、組織の和を乱してでも、あるいは身を挺してでも不正にストップをかけようとする人物がなかなか出てこない。彼らは会社のため、組織の和のため、自分が我慢して口をつぐめば円滑に物事が運ぶと考えがちだ。「いい人たち」とは、別の言葉に置き換えると「周囲の顔色をうかがってばかりいる臆病な人」かもしれないし、オリンパスの損失隠しを調査した第三者委員会が使った言葉を借りると、「サラリーマン根性」に染まりやすい人かもしれない。つまり、一人ひとりは人畜無害なフツーの人たちだ。

　しかも「いい人たち」が口をつぐんで不正に加担してしまう背景には、彼らなりに「会社のため、自分を支えてくれる皆のため」という善意で彩られているから、不正は組織ぐるみになりやすく、その分発覚しにくい。しかも利己心でやっていることではないから、人によっては罪の意識が小さい。だから部下が「それは法律上、問題です」と反対意見を唱えると「上司の俺が私心を捨ててこんなに一生懸命やっているのに、部下のお前がなぜそれを理解しようとしないのか」と、怒りの矛先を部下に向けて排除してしまう。こうして気がついたときには問題は取り返しがつかないほど深刻になっており、その不正は排除された部下の内部告発によって発覚するから厄介だ。

薬害エイズ事件や今回の問題は、結果だけを見ると悪質そのものだが、悪意をもって社会を混乱させようと考えたり、不正によって大もうけを目論んだりした役職員は皆無に違いない。それどころか、薬品の供給責任を果たすためにやったことなのに、世間が自分たちを〝遵法精神に欠ける懲《こ》りない人たち〟としか見ないことにやるせなさを感じているかもしれない。

ところが彼らがやってきたことは、客観的にはどう見ても悪質そのものなのだ。化血研では製造記録の偽造も念の入ったもので、本物は明朝体、偽物はゴシック体の書体を用いて社内と査察で使い分け、過去の記録は古く見えるように書類に紫外線を当てて変色させて捏造していた。優秀でまじめな人たちが集まると、組織的に信じられないほどの悪事を働いてしまうことがあるという、人間という生き物の不思議な精神作用である。

シェークスピアが書いた四大悲劇の一つ「マクベス」には三人の魔女が登場し、「きれいは穢《きたな》い、穢いはきれい」という逆説的で示唆に富んだ呪文を唱える。悪質な事件が実は善人たちの手によるものだったり、国民の健康を預かる良薬を産み出すのが、実は自浄能力の欠落した組織であるという、不思議で皮肉な現象は、三人の魔女の呪文に通じるところがある。物の見方や価値観に多様性がないと、つまり組織を「いい人」ばかりで固めると、こうした不始末を起こして多くの人命や健康に甚大な被害を及ぼしたり、会社が倒産に追い込まれたりといった最悪の結末を迎えることがある。

そうした最悪の結末を回避したり、事態の悪化に歯止めをかけたりするのは、最終兵器としての内部告発が期待される役割なのかもしれない。

損失隠し事件のオリンパスがそうだった。損失隠しを隠蔽するために役員や社員が苦労を重ねていた様子は、筆者が入手した電子メールのやり取りにも残っているが、その文面を読む限り、彼らが悪意を持ってやっていたこととは到底思えなかった。それどころか、目の前に与えられた仕事を誠実に、熱心にこなしている姿が思い浮かぶのだ。

簡単には変わらない企業風土

筆者の経験をさらに書き連ねると、会社の上から下まで「穏やかな性格の優秀な人たち」を揃えていながら潰れてしまった会社を思い出さずにはいられない。九七年に自主廃業した山一證券である。損失を海外に飛ばして隠し続けていたが、金融不安と業績悪化の中でそれを隠しきれなくなり、自主廃業という不思議な最期を遂げた会社である。高学歴の優秀な社員でありながら、野村證券や大和証券のように人を押しのけてでも突き進む猛烈なタイプは少なく、むしろ愛されながらも押しのけられてしまう人たちが多かった。

筆者が新聞記者だった頃も、先輩記者たちが「山一って、ホントに親切でいい人が多いよな」とうなずき合っていたのを今も思い出す。山一の自主廃業に内部告発は関わっていなかっただろうが、今のご時世なら内部告発者が大量発生してもおかしくない状況だった。「いい人」ばかりでは組織の健全性を保ち続けることはできないという典型例だろう。

話を化血研に戻すと、製薬会社として進んで不正を明らかにするだけの真摯さも勇気もなかったのだろう。

世の中には人間の業の深さに負けて、つい犯してしまう不正も少なくない。やむにやまれず犯してしまう不正であるから、皆が見て見ぬふりをしているうちに組織的な隠蔽につながりやすい。そのうえ組織的な不正の場合、弱くて小さな立場の者を圧殺しようとして逆に内部告発で破滅してしまうことがある。〝いい人〟たちが陥りがちな落とし穴である。

化血研の出荷停止問題では、幸いにも現段階では重篤な副作用は報告されていないが、厚生労働省の専門家委員会では「安全面をクリアしているとは言えない」との指摘が相次いだという。加えて血液製剤が出荷停止になったことで医療現場ではインフルエンザ予防接種のワクチンが品薄になり、供給に遅れが生じる事態となった。結局、化血研が最も恐れていたはずの事態を自ら招き寄せたのだ。

社内で何らかの重大な問題が発生しても、これを監督官庁に届け出れば連綿と続けられてきた不正の数々が発覚してしまうとなると、企業は口を拭《ぬぐ》って届け出を避けるしかなくなる。あるいは「社会に無用の混乱を招くだけだ」などと、もっともらしい口実を設けるかもしれない。しかし、もしもこれが国民の命に関わる問題であれば、届け出をためらっている間にも被害が拡大し続けることになり、社会的な影響は計り知れないのだ。

化血研の場合、これだけ長年にわたって不正が続き、それを経営トップが漫然と見逃していた以上、不正を不正と思わない体質やこれを隠し続けようとする企業風土はもはや組織に根づいてしまっており、これを根絶やしにするのは難しいだろう。新たに入社した職員がそうした負の企業風土に染まってしまえば、定年退職するまでの数十年間はそれを後輩社員に引き継ぎ続けるからだ。

人間が変わるのは難しいが、企業が体質を変えるのはそれよりも難しいのかもしれない。

別の企業では重大な不正に関わった社員を処分せずにかばったところ、この社員が別の問題を起こして、国内外の捜査機関の追及を受けることになった。最悪の場合、数百億円単位の罰金を取られかねない不正である。不正やその隠蔽は体質化しやすく、容易に伝染するものなのだ。

こうした体質こそが内部告発者を産み落とす土壌になるのは皮肉としか言いようがない。

2　止まらない連鎖

自己防衛の手段としても

東京弁護士会に問い合わせたところ、同弁護士会に寄せられた内部告発（弁護士会では「公益通報」と呼ぶ）に関連した電話相談の件数は、二〇一〇年度が一四件、一一年度が一九件だったのが、一二年度には三四件に急増した。一三年度は二四件とやや落ち着いたが、それでも一一年度以前よりも多く、ハイペースとみていいだろう。一四年度、一五年度はそれぞれ三一件、三〇件となっている。

東京には東京弁護士会と第一東京弁護士会、第二東京弁護士会の三つがあり、東京弁護士会はそのひとつだ。全国の弁護士会や個々の弁護士事務所に寄せられた分も含めると、いったいどれほどの件数に膨らむのか想像もつかない。さらに近年、内部告発サイトが開設され、告発者の個人情報ががっちりと守られる仕組みも構築されており、個々の企業が社の内外に設ける通報窓口の開設も増えている。今後は内部告発を受け付けるＮＧＯ（非政府組織）が立ち上げられる動きもあり、内部告発の受け皿は着実に充実している。

内部告発が注目されるきっかけになった事件や出来事は少なくない。とりわけオリンパスの損失隠しは世間の耳目を集めた事件である。

欧米や日本で大騒ぎになったオリンパスの損失隠しを筆者が最初に報じたのは、二〇一一年七月のことである。欧米各国の新聞やテレビ、雑誌、通信社などが血眼《ちまなこ》になって関係者の行方を追い、日本発の事件としては例を見ないほど報道合戦は世界的に過熱した。同じ年に起きた東日本大震災の時にも世界中の報道機関は日本に取材チームを送り込み、熱心に取材活動を続けたが、オリンパス事件では震災時とは明らかに異質なエネルギーが注がれていた。特に欧州各国では連日のように新聞の一面にオリンパスに関する記事が大々的に掲載され、損失の穴埋め資金がドイツの銀行口座を経由していたと言ってはドイツ紙の一面トップを飾り、英国で捜査当局が捜査を本格化させると言ってはニュース速報が流れた。

その後、日米欧の捜査当局が動き、わずか数ヵ月後には旧経営トップらと社外の協力者が逮捕された。あっという間の出来事と言っていい。「オリンパス事件は現役の社長が自社の不正調査に乗り出して告発するという究極の内部告発案件でしたから」と内部告発に詳しい弁護士たちは口を揃えて言う。

では、日本社会で内部告発はどのように受け止められているのだろうか。そしてそれはどのように移り変わろうとしているだろうか。

二〇一二年一二月に消費者庁は公益通報についてインターネットを用いたアンケート調査を行った。公益通報者保護法をどの程度認知しているか、勤め先に法令違反などがあった場合に通報するか、通報先はどこにするか――などを調べたものだ。

東京弁護士会に寄せられた公益通報の相談件数は、オリンパス事件（二〇一一年）を境に大きく増えたが、消費者庁の調査では公益通報者保護法の認知度は前回調査（二〇一〇年）、前々回調査（二〇〇八年）に比べて低くなっている。同時に「勤め先に法令違反などがあった場合、通報するか」の設問に対し、「通報する」「原則として通報する」と答えた割合も、三回の調査で徐々に低下している。

二つの統計は一見、矛盾しているようにも見えるが、どうだろう。弁護士会に相談を持ち込んだ人たちは、消費者庁のアンケートに置き換えれば「通報する」「原則として通報する」と回答した人であろうから、そうした人たちはむしろ以前にも増して内部告発への意識が高まっているのではないだろうか。

興味深いのは、「(公益通報者保護)法に対する認知が進むほど『通報する』割合が高く、法を〝よく知っている〟と回答した者の約半数（四七・四％）が『通報する』と回答し、

『原則として通報する』と合わせた『通報する』割合は八割以上（八七・七％）を占める」との集計結果が出たことだ。公益通報者保護法の存在を知り、その役割と欠陥を正しく理解することによって、自分がどの選択肢を選べばいいのか判断しやすくなることの表れであろう。

一方で「匿名で告発する」と回答した人（一一二五人）のうち、「実名による通報には何となく不安がある」（六七・六％）が最も高く、漠然とした不安を抱えている様子がうかがえる。「不利益な取扱いを受けるおそれがある」（六〇・七％）がこれに続く。「法令違反などの事実を伝えることに意味があり、通報者が誰であるかに意味はない」との回答は二二・六％だった。

匿名で通報した場合、その後通報先でどのように対応しているのか、情報がフィードバックされない公算が大きく、適切な対応がなされているのかチェックが利かない恐れがある。また、通報内容の裏付け調査が必要な場合に通報者から追加情報を得られず、調査を断念しなければならなくなることも少なくない。せっかくの通報が無駄になってしまう恐れは、通報者の不安を解消してやれるかどうかと直結している。

勤め先の従業員数が多いほど、通報に前向きな割合が増え、従業員数が五千人を超える企業では六割以上が「通報する」と答えている。時にドライな人員削減が行われる大企業では、社員が会社に対して抱く感情も乾いており、ある種の自己防衛手段として内部告発を心の片隅に置かざるを得ないのかもしれない。

前回調査以降、内部告発がきっかけで不正が発覚した事例がいくつもあったが、公益通報者保護法についての認知は前回調査に比べてやや低下した。内部告発が増えることと同法の認知度が高まることは別の課題であり、まだまだ消費者庁や個々の企業による啓発活動などが欠かせないことが浮き彫りになった。

オリンパス事件の発端となった事業計画書

世の中は漏れてはならない秘密でいっぱいだ。ほんの小さな日常業務のなかにもそれが潜んでおり、わずかに顔をのぞかせることがある。

取引先でのプレゼン用資料でも、資材の発注書でも販促活動の企画書でもなんでもいい。あなたが会社でパソコンを使って作成した文書を印刷したと思ってもらいたい。印刷した文書をプリンターに取りに行くと、先に印刷した人が文書を回収し忘れてそのままになっているのを見つける。ごくありふれた光景だろう。損失隠し騒動に揺れたオリンパスに勤めていたある人物も、同じ経験をしていた。騒動が始まる二年半ほど前である。

「何だろう、これ？　誰かが回収し忘れたのかな」

取り上げてみると、表題が「事業計画書」となっており、グループ企業のプロフィールや今後の事業計画が書かれている。そして大株主の欄には英領ケイマン籍の投資ファンド二社の名前が載っていた。ファンドの名前に見覚えはなかったが、租税回避地のケイマンを拠点とするファンドが脱税や金融犯罪に用いられることがあるのは、新聞などで読んで知っている。

考えてみれば社内ではこのグループ会社について詳しく知っている者は少ない。上司や同僚に尋ねてみたが、お茶を濁すばかりで誰も話そうとしなかった。

「何か変だな、この会社……」

その人物は事業計画書をこっそり自分で保管しておいた。オリンパスの損失隠しが発覚に向けて秒読みを開始したのはこの時からだった。この人物は、後に筆者が月刊誌ファクタに書いた第一報を読み、「横暴な経営者を追い詰めるために役立ててほしい」として、この資料を送ってくれたのだ。しかしこの時でさえ、この事業計画書が後にとんでもない大騒動をもたらすなど、この社員には思いもよらない。

二〇一一年一一月下旬のある夜、――別の言い方をすると、オリンパス第三者委員会の調査が終盤に差し掛かった頃、――私はこの人物に初めて接触していた。私は何度か接触を試みていたが、その都度、会う直前になって先方から「急用ができた」として面会がキャンセルされていた。

そしてその日、やっとのことで面会が叶った。その人物は何度も約束をキャンセルしたことを詫び、その理由を「お互いに尾行がついているといけないから」と説明した。オリンパスは風通しの悪い会社で、会社の方針に批判的な社員に対しては徹底した監視がつく。電話や会話の録音やメールの盗み見が当たり前のように行われ、会社の方針に意見を具申しただけで左遷された者もいた。その人物が尾行を警戒したのは、そうした陰湿な社風を嫌というほど知っていたからだ。

決定的な情報ほど小さなミスから漏れる

話を元に戻す。

待ち合わせ場所は新宿区内の小さなスポーツ用品店である。目立つ場所を避け、近くで怪しい第三者が聞き耳を立てることのできない場所を選んで待ち合わせることにしたのだ。私はこの店の主人とは古くからの知り合いで、店には常連客が多いため、尾行がついていればすぐに気づく。また、店が小さいため、一見《いちげん》の客が長時間居座れば目立ってしまうのも、この店を選んだ理由だった。

そのスポーツ用品店は閉店時間が迫っていたため、客の少なそうな喫茶店に場所を移して話を聞いた。

その人物が前述の事業計画書を手に入れたのは「二〇〇九年のわりと早い時期だったと思う」と言うから、筆者が最初の内部告発者からオリンパスの疑惑について聞かされた時期よりも数ヵ月ほど前になる。

その人物は一介の社員であり、その事業計画書に重大な秘密が隠れているとは露知らず、私が月刊誌ファクタでオリンパスに不正会計の疑いがあるとのスクープ記事を最初に書いた直後に、「何かの役に立ててほしい」としてファクタ編集部にメールで送信してきたのだった。これがオリンパスの不正を暴く決定打になった。

彼が送ってくれた事業計画書をもとに筆者は第二報を書いた。その記事を読んで震え上がったのがオリンパスの英国人社長、マイケル・ウッドフォード氏である。ウッドフォード氏は英国子会社の社長からオリンパス本体の社長に抜擢《ばってき》されたばかりだったが、筆者が書いた第一報について知人から知らされていた。他の役員たちに「この記事に書かれているのは本当か」と問いただしたこともあったが、満足のいく説明は得られずにいた。

第二報を読んでウッドフォード氏が真相追及を始めたところ、返り討ちにあい、電撃的に社長を解任された。しかしウッドフォード氏はそれに屈せず、専門家に依頼した調査内容を世界中のマスメディアに公表する。その結果、オリンパスは二〇年にわたって隠し続けてきた巨額損失を明らかにせざるを得なくなり、経営危機と上場廃止の窮地に立たされることになった。同時に投資ファンドを操作して損失隠しに加担してきた金融のプロたちにしゃぶり尽くされるのだけは免れたのだ。

オリンパスの損失隠し事件について裏話を書いたのには訳がある。

最近、企業秘密の漏洩を防ぐために様々な手立てが講じられるようになった。社内のネットワークにアクセスした記録のほか、誰がいつ内部文書をプリントしたのかの記録が、残るようになっている。

しかし右に記したようなヒューマン・エラーによって不正が発覚するケースは少なくない。しかもどういうわけか、漏れてはならない決定的な情報に限って、小さなミスから漏れ出てしまうものだ。秘密の漏洩や内部告発を完璧に防止する手立てなど、ありはしないのだ。告発されるような秘密を持たないようにするか、告発された場合にどのように情報開示するかをあらかじめ決めておくほうが現実に即した対応になりやすいのだろう。

もうひとつは〝内部通報〟を選ぶか、〝外部通報〟を選ぶかという問題である。

「オリンパス事件以降、弁護士会に寄せられる内部告発に関する相談件数は増えています。会社の不正を社長が自ら告発するという究極の事案でしたからね。いろんな意味で大きな事件だったと思います」

内部告発に詳しい光前幸一弁護士はこう言う。

弁護士に寄せられる相談は次第に内容が複雑になっていると言い、信頼できるジャーナリストなどに匿名で〝外部告発〟したほうがいいのではないかと考え込んでしまうようなケースもあるそうだ。

内部告発は弁護士にとっても取り扱いが難しい。特に会社の存続に関わるような問題を監督官庁やマスメディアに告発できるのは、会社の中枢近くにいて秘密を知りうる人物に限られる。告発者が誰であるのかは容易に絞り込めるのだ。もしも告発者を明確に特定できなかったとしても、「内部情報を漏らした被疑者の一人」と目《もく》されただけでその後の昇進や昇給の道は断たれる恐れが大きい。光前弁護士が「内部告発は軽々に勧められない」と打ち明けるのには、そうした事情もある。

厳しい実例を紹介しよう。

トナミ運輸の岩窟王

岩窟王がいる。

名を串岡弘昭さんという。トナミ運輸の社員だった串岡さんは一九七四年、運輸業界の闇カルテルを社内で告発したところ会社から報復人事を受け、二九歳から六〇歳で定年退職するまでの約三〇年、研修所で草むしりなどの雑務しか与えられなかった。仲間と呼べる同僚もいない孤独な環境だった。月給は手取り一八万円である。昇給は一切なく、退職を迫る暴力団員の脅しは家族にまで及んだという。トナミ運輸のやり方はあまりに陰湿で、人間が人間に対して行っていい範囲を超えてしまっている。

串岡さんは定年まで三年を残すのみとなった〇二年一月にトナミ運輸を相手取り、裁判を起こす。昇格差別や人権侵害による経済的・精神的損失があったとして、四五〇〇万円の損害賠償と謝罪を要求する訴訟である。一審では串岡さんの主張をほぼ全面的に認め、トナミ運輸に一三六五万円の支払いを命じる判決が下り、〇五年には控訴審で賠償額を上乗せすることで和解が成立した。

串岡さんが提起したこの訴訟は、内部告発に関連する最も代表的なケースとして広く知られ、内部告発者の保護を目的とする公益通報者保護法は、事実上串岡さんの裁判がきっかけになって制定された。串岡さんはその半生と引き換えに公益通報者保護法の制定を勝ち取ったのである。

ここで考えてみたい。串岡さんが失った歳月が、人間にとってどういう重みを持つものだったのか。

もう一度書くと、串岡さんが左遷されていたのは二九歳から六〇歳までである。人間の生き方や価値観が多様化している時代とは言え、人生にとって重要な要素は二〇代から四〇代に集中すると言っていい。仕事を覚えてその面白さや難しさを知り、人間関係は仕事や趣味を通じて一段と豊かになる。同時に生涯の伴侶を得て子どもを産み育てるのもこの時期だ。育ちざかりの若木が幹を太くし、枝を伸ばして空をつかもうとし、日の光を一身に浴びて花や実をつける時期である。

串岡さんの場合、それらの多くを失ったか、人並みにその機会を得られないまま過ごした。そしてさらに長く定年退職近くまでの歳月を棒に振ることになった。「棒に振った」と言うと、串岡さんは不満げな顔をするかもしれない。公益通報者保護法という新たな法律制定に道を開いたのだから。しかし、第三者の立場から見ていると気の毒な気持ちを禁じ得ないのも事実だ。

串岡さんを支えた〝怒り〟

しかし季節で言えば夏に当たるこの時期を奪われてしまえば、その人生にどんな意義づけができるだろうか。串岡さんの半生を「社会を変えるきっかけを作った」と位置づけることはできても、一人の人間に課せられた負担としてはあまりにも大きい。生命こそ奪われていないが、社会的には死刑あるいは、終身刑に処せられたのと大した違いがないようにさえ思えるのだ。一人の人間として、人生の収支尻は合うのだろうか。

筆者が串岡さんについて初めて聞かされたのは、控訴審で串岡さんを弁護した中村雅人弁護士からだ。筆者は中村弁護士に尋ねずにはいられなかった。

「それでは裁判に勝っても、その人の人生は何だったのかということになりませんか？」

中村弁護士は複雑な表情で深く頷いて言った。

「おっしゃるとおりだと思います」

定年退職した串岡さんは現在、内部告発者の支援運動に日々飛び回っている身である。その串岡さんに直接話を聞くことができた。

――左遷されてから三〇年も会社の仕打ちと闘うのに、何が支えになったのでしょうか。正義感なのか、プライドなのか、家族なのか、それ以外の何かでしょうか。

「怒りです。正しいことをした私を追い出そうとしたことに対する怒り。本来なら（闇カルテルを結んだ）経営者が会社から出ていかなければならないはずなのに。もうひとつは内部告発をして会社を辞めてしまえば、次の仕事を見つけるのが難しくなるので、会社を辞める決断がつかなかった。内部告発をすれば、会社を辞めてもとどまっても、待っているのはいばらの道ですから」

串岡さんの弁護を受け持った中村弁護士は、裁判所が和解を勧告したときの串岡さんを

「あれだけ我慢強い人も珍しい」と舌を巻いた様子で振り返る。トナミ運輸側が金銭面での補償を積み上げる和解案を繰り返し提示しても、頑《がん》として応じようとはしなかったからだ。中村弁護士によると、しまいにはトナミ運輸側は〝カネならいくらでも積むからもう会社を辞めていってほしい〟という姿勢に変わっていったそうだ。

まるでアレクサンドル・デュマが書いた小説『モンテ・クリスト伯』の岩窟王だ。讒言《ざんげん》のために捕えられ、一四年の獄中生活を送った後に脱獄した主人公のダンテスが次々に復讐を始める。串岡さんが研修所で〝獄中生活〟を送った歳月は、ダンテスの倍以上だ。串岡さんの怒りがどれほどのものだったのか、想像もつかない。

前述したように串岡さんは内部告発をした人たちの支援活動に東奔西走している。その姿は、会社員時代に充実させられなかった人生を大急ぎで取り戻そうとしているかのようだ。

「内部告発をしても裁判で勝てないかもしれないし、自分から遠ざかっていく人も多い。厳しい現実が待っているのは間違いないけれど、人としてやってみる意味はある。一〇〇人の友人が去っても、きっと一人くらいは支援してくれる人が現れる」

公益通報者保護法の問題点

串岡さんの裁判が契機になって、公益通報者保護法が制定されたことはすでに触れた。この法律は内部告発者保護法とも呼ばれ、内部告発を行った労働者の保護を目的として〇六年に施行された法律だ。当時の串岡さんが同法の制定を目的として意識していたわけではあるまいが、彼の果たした役割は極めて大きい。

しかしこの法律には欠陥が多い。適用されるには満たさなければならない要件が多く、内部告発者が保護されるためには越えなければならないハードルが高いのだ。この法律が制定される際に経団連が「密告社会になってしまう」として反対し、骨抜きにしてしまったためだ。

同法によると、通報先は①事業者内部、②監督官庁や警察・検察など、③マスメディアの三つと定められているが、事業者内部に通報すれば告発者が誰なのかがわかってしまうし、監督官庁に通報しても放置されたり、官庁から事業者に対して告発者が通知されてしまった事例があって必ずしも信用できない。

弁護士や経営コンサルタントなどの第三者を外部通報窓口として設置し、告発をしやすくしている企業もあるが、それでも告発者の秘密が保たれるかどうか保証されているとは限らないのだ。

最後の砦として位置づけられているマスメディアへの通報には、満たさなければならない要件がとりわけ厳格で、事業者内部や監督官庁を飛ばしてマスメディアに通報すれば法律の保護の対象にならない恐れがある。

マスメディアに通報する場合も、それなりの難しさはある。保守色の強いメディアは企業を批判するのをためらうし、財務基盤が脆弱なメディアは訴訟リスクを極端に恐れる傾向があるからだ。

また不正を告発するためであっても、内部資料を持ち出して告発すれば窃盗や業務上横領、名誉毀損、秘密保持契約違反などの罪に問われかねない。

つまりいずれに通報してもそれぞれに、告発者の正体が発覚するリスクや、告発が握り潰されて問題が解決しないリスクなどが残る。この法律が「経営トップの犯罪には有効ではない」と評される理由である。

公益通報者保護法の定めによると、公益通報した社員に企業の秘密保持契約違反などの就業規則違反があっても会社は懲戒処分できない。労働契約上の秘密保持義務が解除されるためだ。法令義務違反を証明する内部資料を取得した場合、公益通報を理由とした解雇などの不利益な取り扱いも禁止される。

しかし公益通報したこととは別に法令違反や内部規則違反を理由とした不利益な取り扱いは事例ごとに判断されることになっており、ここに内部告発者にとっての落とし穴がある。「就業態度に問題がある」などとして解雇されてしまう場合があるのだ。つまり刑事ドラマなどで出てくる〝別件逮捕〟がありうる。海外にはこうした場合、公益通報したことと因果関係がある不利益な取り扱いと推定する規定を定めている国もあるが、日本にはそれがない。

それでも人生とプライドを懸けて告発する者は増えている。経済の停滞期が長くなり過ぎ、時には強引なリストラによって同僚が職場を追われ、自分の収入も一方的に削られてきたため、会社組織とそこに属する個人との信頼関係が壊れてしまっているからだ。「お前はウチの会社で我われと同じ釜の飯を食ってきたじゃないか」と情緒に訴えても無駄だ。「同じ釜の飯を食ってきた私に、あんたはひどいことをしてきたじゃないか」と言い返されるのが落ちだ。信頼関係が壊れたことで、日本人は会社や仕事との付き合い方がドライになり、自由にもなった。

あえて告発に踏み切るのは、どんな人々なのだろうか。世間ではこうした人々を「歪んだ正義感が強く、そのために組織内では孤立し、自分の処遇に不満を持っている」などと考えがちだ。しかし裁判を通じて内部告発者たちと接してきた光前幸一弁護士は「必ずしもそうではない」という。

内部告発者と会社が感情的に相克し、病理的な部分が大きくなってしまうのは確かだが、「普通の人が、何でもないことをきっかけに次第に追い詰められていき、内部告発に踏み切ることも少なくない」のだ。これについてはI部の冒頭でも指摘した通りだ。

ハイテク機器を駆使した告発

内部告発は、告発した側のダメージも大きいが、告発された会社側のダメージはさらに深刻なものになりやすい。オリンパスの事例は最たるもので、社内からは告発者が群がり出た。とめどなく情報が漏れ出る事態に、オリンパスは為す術もなく、株価は急落し、取引先から厳しい批判を浴び、営業活動に支障が出るようになった。オリンパスでは筆者たちが社内に盗聴器を仕掛けたのではないかと疑ったこともあったそうだ。

しかしそんな必要はまったくなかった。その時のオリンパスでは、社員一人ひとりが動き回る監視カメラや盗聴器になったような状態だったからだ。それまで会社のあり方に批判的な社員に対して行われていた盗聴や監視の矛先が、役員や幹部社員に向けられるようになったのである。

「監視カメラ」や「盗聴器」という言葉が出たついでに書き留めておくと、現代の内部告発を特徴づけるのは、こうしたハイテク機器を駆使している点だろう。デジタルカメラやスマートフォンなどを駆使して証拠を集め、データをメールで転送する。

画像や文書だけではない。オリンパス事件では社内の重要な会議の模様をＩＣレコーダー（オリンパスはＩＣレコーダーのトップメーカーである）で録音し、その音声データをＵＳＢメモリに移し替えて郵送してくる社員がいたのには驚いた。

医療福祉関連の事件では、内部告発者たちが証拠集めのためにＩＣレコーダーやデジタルビデオカメラを部屋にこっそり設置し、職員による暴行の模様を録音・録画していたケースもある。一人ひとりがハイテク機器で重武装しているようなものだ。

パソコンのパスワードやメールの外部送信、文書印刷の管理をどれほど厳重にしたところで無駄である。紙に印刷したりパソコン画面に表示したりした内部文書を、スマートフォンのカメラで撮影して送ってくる社員もいたからだ。組織をまとめ、管理していくのに小手先では通用しない。

話を元に戻すと、その頃のオリンパスは気づいていなかっただろうが、すべての取締役に送信された臨時取締役会の招集通知メールさえ、オリンパス社内の有志の手によって筆者の手元にほぼリアルタイムで流れてきた。情報を提供する社員たちは個々の意思でやっているとで、有志たちが互いに気脈を通じてやっていることではない。

こうした情報提供者たちが一〇〇％といっていいほど決まって書き添えてくるのは「オ

リンパスは上場廃止になって一からやり直すべきだった」「オリンパスは出直すための最後のチャンスを失った」というものだ。そこには情報提供者の個人的な利害を気にする様子は微塵も感じられない。

オリンパスはイチジクの葉一枚つけていない丸裸になった。幹部社員の実名入りで「この幹部社員がある女性の派遣社員に対し、肉体関係を結ぶことを条件に正社員にすることを約束した」「社員が犯した窃盗事件を会社がもみ消した」「損失隠し事件に関わった本当のワルはここにもいる」などの手紙までが続々と舞い込むようになった。これらの多くはオリンパスのロゴや返信住所が入ったレターヘッドを、オリンパスのロゴ入り封筒に入れて郵送されてきた。

数多くいたオリンパス社内の情報提供者

オリンパスからは今後も内部告発が続くであろう。なにしろファクタ誌でオリンパスに関する記事が少なくなると、「もっとオリンパスを監視してほしい」として、社員からお叱りを頂戴するほどなのだ。そして記事を書くたびに社員たちの会社に対する忠誠心や仕事に対するやる気は殺《そ》がれ、優秀な社員は抜けて製品に不具合が多くなり、リコールや製品の出荷中止が相次ぐという悪循環に陥る。告発される側のダメージは長期にわたる深刻なものになるのだ。

内部告発に端を発した事件の特徴は、後を引きやすいことであるのがおわかりいただけたと思う。筆者や、筆者がオリンパス事件のスクープ記事を書いた月刊誌ファクタの編集部に寄せられる告発は、二〇一三年に入ってからも散発的に続いた。その中で目を引いたのは二月に送られてきた「オリンパスが東証一部市場への復帰を目指し、東京証券取引所に提出する上場申請書類を用意したが、社内での監査が間に合わず日付を改竄《かいざん》した」という内容の告発である。上場申請書類は単なる反省文や詫び状ではない。そんな重要書類を改竄するとは、にわかには信じられない話だった。筆者はさらに複数の告発者から詳細な情報を得てオリンパスに対する質問状を作成し、ファクタ編集部を通じて送った。

質問状を送った三月一日は金曜日だった。週末を目前に社内はのんびりムードに支配されることも少なくないはずだが、その日の午後からオリンパス本社では大騒ぎになった。

「またファクタが質問状を送ってきた……」

それからしばらくの間、広報・IR室関係者や担当役員・執行役員たちは一様に眉間《みけん》を険しくし、新宿本社や八王子の事業所などあちこちの会議室に籠って対応策を協議した。中には周囲に対して入室を禁じ、役員室に籠りきりになって鳩首《きゅうしゅ》会談を開いた役員もいた。なぜそんなことまで把握できるかというと、社内の情報提供者が多く存在したからだ。

このとき、書類の日付を改竄しなければならなくなった理由も、実際に改竄を行った部署も部員も特定できた。そればかりかオリンパスが改竄について東証にどのような説明をしたのかも、改竄に関わった部の責任者ら数名を急遽、福島県の工場に異動させると決めたことも私たちには筒抜けだった。オリンパスの広報責任者は改竄を認めるわけにもいかず、「確認できない。もう少し情報が欲しい」との返事を寄越すばかりだった。

ただ、この件で二度ほど記事を書いたところでそれ以上の追及は止め、矛を収めることにした。オリンパスが倒産するほど追い詰める必要はないし、やり過ぎると改竄に関わった社員に責任を押し付けてクビを切ってしまう恐れもあったからだ。それを案じた告発者の一人は「もしクビになる社員がいたら、山口さんのところに相談に行くよう伝えます」とのメールを書き送ってきた。東京地検特捜部と証券取引等監視委員会、警視庁捜査二課が損失隠しの捜査を本格化させた二〇一一年秋頃、筆者は身の安全に不安を感じていた告発者を弁護士のところに連れて行き、相談に付き添ったこともあるからだ。

他にも様々な内容の告発が今なお届いているが、いずれも極めて具体的な内容の告発ばかりで、オリンパスという会社の荒《すさ》みようを筆者たちが心配したほどだ。身から出たサビとは言え、こうなると会社組織ももう終わりである。

逆に告発する側の視点から見ると、内部告発を考えている人たちが水面下で横の連携を広げることができれば、どんな大企業でもひとたまりもない。風通しの悪い社風に不満を溜め込む社員が多ければ、同時多発的に内部告発が起きることだってあるのだ。

オリンパスの場合、隠し損失によってすでに弱体化し、情報つまり報道によってさらに無力化が進んだ。その結果、本来なら戦力であるはずの社員は会社に嫌気がさして次々に矛を逆さまにして内部告発を始め、会社組織は自壊したも同然になった。

情報を提供してくれるオリンパス社員はさまざまだが、「あれだけひどい事件を起こした後も、オリンパスの企業体質は何も変わっていない。それどころか内部通報制度は改悪されている」と訴える内容が多い。企業体質が改められるのにはやはり一〇年、二〇年、あるいは新入社員が定年退職するほどの年月が必要で、その間社員による内部情報の提供も続くということだろう。

筆者らのもとには、オリンパスよりも図体の大きな会社の社員から日々、告発状が送られてくるようになった。その中には日本を代表するような企業さえ含まれており、これは企業にとって不幸なことだ。内部告発者と企業が無用な対立を激化させ、双方が修復不能なほどダメージを受けることがないように公益通報者保護法は改正すべきときを迎えている。

3 社会の中で変わる位置づけ

〝裏切り〟から〝有効活用すべきツール〟へ

内部告発の影響力を日本社会に対して見せつけたのがオリンパス事件だとすると、それが特殊なケースではないことを証明したのは二〇一五年に発覚した東芝の不正会計だろう。ここでも内部告発者が群がり出ており、内部告発が日本社会に完全に根を下ろしたことを印象づけた衝撃的な事例だった。

そして事件が起きた順序は前後するが、日本の社会で内部告発の位置づけが変わりつつあることを端的に示したのは、同じく二〇一五年に発覚した東洋ゴム工業の免震偽装問題ではないだろうか。結論から言えばこの偽装問題は、内部告発が決しておろそかにできない経営上の重要な管理項目になったことを確認するリトマス試験紙になった。同時に内部告発が〝忌み嫌うべきもの〟や〝後ろめたい裏切り行為〟から、〝有効活用すべきツール〟へと発想の転換を促すきっかけにもなっている。

発想の転換とはどのようなものか、免震偽装問題のおさらいから始めよう。

建物の強度を増して、地震に襲われても壊れにくくするのが耐震構法である。これに対して、地震による振動エネルギーの伝わり具合を小さく抑えて建物の被害を防ぎつつ、家具の転倒やそれによる怪我といった二次災害も抑えるのが免震構法だ。地震国日本では耐震や免震などの技術を組み合わせて、大規模建築物の安全を確保している。

免震構法ではビルの基礎部分に大きなゴムの塊（積層ゴム）でできたアイソレーターと呼ばれる装置などが取り付けられ、東洋ゴムはそのメーカーである。

東洋ゴムの問題が内部告発によって発覚したと誤解している人も多いが、社外調査チームがまとめた報告書によれば、内部告発者（あくまでも法律で定義づけられた内部告発者）は出ていない。問題に気づいた社員が上司に相談・報告はしたが、内部通報窓口に通報するには至らなかった。報告を受けた上司も重大な内部告発事案としては受け止めず、もう一度きちんと調べ直すように指示しただけだったのだ。

同社の内部通報制度が不十分だったためにかというと、そうとは言い切れない。東洋ゴムでは社員だけでなく取引先も利用できる通報窓口を二〇〇六年に社内外に設置していたからだ。

しかしこの事件を「告発される側がそれをどれほど恐れ、どのように封じようとしたか」という角度から見ても、問題発覚後に法曹関係者がどのような提言をまとめたかという視点から眺めても、内部告発を社会現象として捉えたときに一里塚や分水嶺になったようにさえ思えるのだ。

子会社から発覚した東洋ゴムの免震偽装

始まりはひとりの東洋ゴム工業の子会社に勤務する社員の心に勃然《ぼつぜん》とわいた疑念だった。

「何か変だな……」

この社員Aは兵庫事業所で免震ゴムの開発・設計を任され、先輩社員Bとともに性能検査に関わっていた。ところが性能検査のデータ処理で先輩社員Bが不自然な補正数値を用いていることに気づく。

性能検査で得られた数値は大臣認定を得るために国土交通省に提出しなければならない公式なものだ。補正数値は科学的根拠のないもので、これを基に認可を得るのは重大な問題であることは言うまでもない。顧客からも「製品ごとの性能指標の乖離値《かいりち》が大きい」としてクレームが来ている。社員Aは上司に相談したが、「補正の考え方があやふやなため、何が正しい数値なのか判断できない」として、上司はこの若手社員に対応を一任してしまった。

疑惑の先輩社員Bが異動したのに伴って、性能検査を任されるようになったこの社員Aは、この先輩社員Bに問題点や疑問点を質したが、納得のいく回答は得られなかった。実際のところは、同社の品質保証部が開発技術部から測定結果を受領するまでに時間的な余裕がないことがしばしばあり、納期に間に合わせるため苦し紛れに根拠のない数値を書き入れていたのだった。

こうして社員Aは上司とともに子会社社長にデータ補正数値の根拠が不明確であることを報告し、子会社から東洋ゴム本体にも問題が伝えられた。子会社内で問題が認識されるようになってから、二〇一五年に監督官庁の国土交通省に報告されるまで二年もかかった。この問題を大ごとにせず内々に処理しようとしたためである。

社外調査チームの報告書はさらに、同社が内部告発者の出現を恐れて告発対策を練っていたことも指摘している。内部告発によって問題が公になってしまうと、信頼の失墜や膨大な費用負担の発生などが、経営上の深刻な懸念として浮上する。告発対策は、そうした事態を避けるための口封じだった。

東洋ゴムの社外調査チームがまとめた調査報告書には同社に対する提言も盛り込まれており、従業員に対して内部通報を義務づけるべきであると指摘している。

日本では内部通報窓口の設置さえ義務づけられていないのに、調査報告書がそれを飛び越えて従業員に対して内部通報そのものを義務化するよう促しているのは、「法律の枠から逸脱した提言」と受け止めるよりも、むしろ日本社会で内部通報の位置づけが変わりつつあることを証拠立てていると受け止めるべきだろう。

それればかりか、通報制度がより有効に機能するよう、社外や会社ＯＢからの通報も受けつけるべきであると提言するなど、公益通報者保護法の枠組みから一歩も二歩も踏み出した内容になっている。現行法では社外の者はもちろん、会社のＯＢも法律の保護対象ではないからだ。うがった見方をすれば、内部告発が今後どのような方向に動いていくのかを法曹関係者が現行の法律の枠組みを超えて指し示しているのだ。

現在の公益通報者保護法が保護の対象としていない人たち（会社ＯＢや社外の関係者）からの通報もすくい上げられるようにしているのは、法律のあるべき姿を示していて興味深い。日陰の存在だった内部告発が、市民権を得て日向に出てこようとしていることをはっきりと示している。

ここで話は脱線するが、最初に偽装を疑った社員について調査報告書では「二〇一二年八月入社」と記している。入社時期が四月ではないところを見ると、中途入社の転職組だったのかもしれない。東洋ゴムとは異なるカルチャーを持った転職組社員が偽装を疑ったのは、ものの見方や考え方をできるだけ多様にしておくこと（流行りの言葉で言えばダイバーシティ経営ということになるだろうか）が重要である点で、示唆に富んでいる。つまり「自分の会社の常識は、世間の非常識」という視点を保つうえで、「王様は裸だ」「データは偽装だ」と指摘する人材の多様性は不可欠だし、会社が大きな問題に直面し、なかなか苦境を脱する知恵が浮かばない場合にはこれまでとは全く違った思考回路を持つ人材を起用するのが一番手っ取り早い。内部告発と人材の多様性は密接な関係があるし、親和性が強いといえる。

日常に入り込んできた内部告発

法曹界の考え方が変わると同時に、社会全体が内部告発に対して抱えている抵抗感も小さくなってきた。

東芝の不正会計問題が社会的に大きな注目を浴びていたときのこと、筆者はラジオの生放送で東芝の不正会計問題について解説したことがある。筆者の出番が終わった後、番組スタッフがやってきて小声で言った。

「山口さん、さっきリスナーからメールが届いたんです。〝ウチの会社でも東芝と全く同じことが行われている〟って」

ラジオの生放送はリスナーからの投稿を紹介することが多い分、多くの反応がリアルタイムで番組宛てに寄せられる。その番組は夜遅い時間帯の放送枠であり、就寝前の会社員たちも思いのほか多く聞いているのだった。

その投稿者は、その名を知らない日本人はいないほどの大企業の関係者だった。投稿者自身が所属していた部署や役職の紹介から始まるメールの内容は、内部告発者の多くがそうであるように、詳細かつ具体的だ。社内の人物でなければ知りえないような内容も多く含まれており、イタズラでないことは明らかだ。文章に乱れたところがなく、よく整理された内容であることから、知的水準の高い人物が書き送って来たものであろうことは容易に想像がついた。

東芝では達成は到底無理であろう業績目標を〝チャレンジ〟と呼び、それに達しなければ担当者は役員会で吊るし上げられ、罵詈雑言を浴びせられていた。精神的に参ってしまい、長期療養が必要になった社員もいたと聞く。こうしたことは程度の差こそあれ、どこの会社でも行われているだろうと思われていたが、東芝以外でもやはり〝チャレンジ〟は本当にあったのだ。筆者はそんなことを考えながら、ラジオの生番組に内部告発の投稿が舞い込む時代、つまり内部告発が我われの日常に入り込み、ある意味ではお手軽にさえなったことに、何だか不思議な気分になった。内部告発が一人ひとりの日本人にとって身近なものになった証拠かもしれない。

告発が告発を呼んだ東芝

東芝の内部告発で特徴的なのは、官庁を告発先に選んだ割には秘密がよく守られたこと、恐らくは内部告発者も予想できなかったほど、事態が意外な方向に転がっていったこと、内部告発は可燃性や類焼性が高く、組織内で一気に横に広がる時代であるのを改めて印象づけていること——の三点が挙げられる。

「二〇一三年度における一部インフラ関連の工事進行基準に係る会計処理について、調査を必要とする事項が判明いたしました」——。

東芝が二〇一五年四月三日に発したニュースリリースは、右の一文で始まる。粉飾決算が発覚し、東芝の一四〇年に及ぶ歴史が暗転したことを告げるニュースリリースである。その説明文はさらに「当社は、この事態を真摯に受け止め、直ちに社外の専門家を含む特別調査委員会を設置し、自ら事実関係の調査を行うことといたしました」と続き、事態が深刻であることをうかがわせた。

この日は金曜日で、週末をまたいだ六日の株式市場で東芝株は大きく売られた。しかしこれは日本のリーディング・カンパニーである東芝にとって、凋落の第一歩に過ぎなかった。それからひと月余り経った五月八日、第三者委員会を設置するとともに配当見送りを明らかにすると、東芝株は翌営業日には大量の売り注文を残したままストップ安となった。下げのきつさも売買高の膨らみ方も、業績に対する失望感が広がっただけでは説明がつかないほどで、東芝株を中長期的に保有する投資家の間にさえ投げ売りが広がったのだろう。コンプライアンス上の問題が生じた銘柄を保有することは禁じられている機関投資家は多く、そうした投資家が一斉に売りを出したのだろう。

その頃になると東芝では、「決算の集計中であり、一切取材に応じられない」として不正会計問題については電話取材を含めて一切シャットアウトした。広報担当者の電話対応もどこか投げやりで、疲労の濃さが窺えた。捜査当局が立件に向けて内偵捜査を始めているとの観測が立ち上るようになったのもこの頃だ。

こうして初夏を過ぎ、夏の暑さが本格化する頃になると、投資家の懸念はさらに募った。不正会計はインフラ関連だけでなく半導体やテレビ、パソコンなど、他事業への広がりを見せ始め、問題は芋づる式に引きずり出された。歴代の社長が〝チャレンジ〟と称して、社員に収益の積み上げを無理強いしてきたことが問題の拡大につながっていたことも第三者委員会の調査報告書で明らかになっていった。

チャレンジを強いられたのは、東芝社員ばかりではなかった。実は東芝は粉飾決算が発覚する数年前から、年末が近くなると取引先企業に口頭で支払期日の延期を要請し、粉飾決算が発覚した二〇一五年にも同じことを繰り返していたのだ。取引先企業に対し、東芝の調達部長の名前で「お支払い条件の変更について」と題した文書が届けられた。日付は「平成二七年四月吉日」となっているから、東芝がインフラ関連工事の不正会計について特別調査委員会の立ち上げを発表したのと同じ時期である。

文書の内容は支払い期日を従来よりも先延ばしするというもので、「検収月末締め、翌月末起算一八〇日サイト払い」となっている。わかりやすく言えば、取引先企業が一月に部品や材料を納品すると一月末日締めの扱いになり、翌二月末日から起算して一八〇日後に代金は支払われることになる。

つまり最低でも二一〇日経たないと代金は支払われない。サラリーマンにたとえれば、今月働いた分の給料が七ヵ月後にならないと支払われないようなもので、その間の食費や光熱費は借金で賄《まかな》わなければならなくなる。企業にとってもその間の様々な支払いは運転資金として用意する必要に迫られ、手元資金に余裕がなければ借金で賄わなければならない。

さらに翌月には子会社の調達部からも同じ趣旨の文書が取引先に届けられた。慇懃《いんぎん》な文面になってはいるが、より高圧的な内容となっている。「貴社に置かれましては、原価低減へのご協力は勿論の事、サイト延長対応につきましても、お取引継続・拡大の『重要並列条件』であることを再認識いただき、何卒ご協力を賜わりたく宜しくお願いいたします」として、要求を吞まなければ取引を中止することを暗にほのめかす内容である。

一般に取引先に支払期日の繰り延べを要請するのは「資金繰りが苦しいことの表れ」とされ、その会社が倒産間近ではないかと勘繰られる原因になる。他の取引先はそうした情報を得ると、債権の焦げ付きを警戒して「支払いは現金の前払いで」と要求するようになってしまい、資金繰りはさらに悪化してしまうことが少なくない。取引先にこうした要請をしていることが広まり、資金繰りが以前にも増して苦しくなって倒産した事例など、掃いて捨てるほどあるのだ。信用調査会社は「こんな要請をしていると資金繰り不安が広がってしまうかもしれないのに大丈夫か?」と不安視していたほどだった。

しかし東芝クラスの押しも押されもせぬ大企業ともなると、取引先は〝よもや東芝が倒産するなどあり得ないことだから〟と支払い繰り延べを吞むことになる。しかし前述した調達部長名での文書を外部に流出させたのは恐らく取引先であろうから、東芝の一方的な要求にはらわたが煮えくりかえっていた取引先は多かったであろう。これも取引事業者による一種の〝内部告発〟かもしれない。

東芝の内部告発者は正体不明

話を元に戻そう。過去の決算訂正により純資産の大幅な目減りが確実視されるにつれて、連鎖的に投資家の間でちらつき始めたのが、財務制限条項に抵触してしまう懸念である。東芝が最も恐れたのも、これだったのではないか。

社債や銀行借入金には財務制限条項と呼ばれる様々な契約がつけられており、そのなかで「純資産額を一定水準以上に保たなければならない」と定めた純資産維持条項に触れる可能性が出てきた。契約違反と見なされれば、借入金を期限前に返済するか、担保を差し出さなければならない。兆円単位の有利子負債を抱える東芝にとって、負のスパイラルが始まる懸念が現実のものになり始め、完全な経営危機に陥った。

東芝は二〇〇八年のリーマンショック時に巨額の損失を計上し、連結株主資本の六割強が吹っ飛ぶという危機に見舞われたことがある。その後の増資や利益の蓄積により、株主資本は四年後には元の水準に回復したかに見えた。しかし同社の復活は不正会計の上にかろうじて成り立つまやかしに過ぎなかった。細かな財務数字が粉飾されていたというよりも、復活そのものが粉飾だったのだ。

内部告発者がなぜ自分の会社を未曾有の危機にさらしてまで、〝刺した〟のかはわからない。告発の理由について様々な説が流れたが、いずれも推測の域を出ない。東芝の歴代三社長の間には抜き差しならない確執があり、社員による内部告発はそれに端を発した〝内ゲバ〟によるものだったとの説もある。しかし社長間に対立があったにせよ、自らが牛耳ってきた東芝そのものが吹っ飛んで元も子もなくすような経営危機に突き落とすつもりはなかったはずだ。あるいは内部告発者は影響がとめどなく広がったことに、戸惑っていたのではないだろうか。

内部告発は時として、このような思いも寄らぬ最悪の展開を引き起こしてしまうことがある。話のついでに書き留めておくと、筆者がオリンパス事件をスクープしたときも同じだった。企業買収に絡んだ不可解な会計処理の裏側に、巨額の隠し損失が潜んでいたとは想像もつかなかった。それどころか情報提供者と「内視鏡を売り込むために医療関係者に渡す裏金作りを目的としているのだろうか」「いや、それにしては額が大き過ぎる」などと首を傾げていたほどだ。筆者も内部告発者も漠然と「大きな問題が隠れている」と感じてはいたが、損失隠しの発覚によりオリンパスが経営危機に追い込まれるとは思っていなかったのである。

さて、東芝の内部告発者が情報を提供した先は、金融庁の証券取引等監視委員会である。監視委のホームページには通報窓口の案内や電話番号が記されており、これを通じて情報提供があったに違いない。

内部告発者が面談に応じる意思を持っている場合、監視委では日時を決めて二人以上の係官が庁舎で面談する。詳細な資料がある場合、監視委は事前に郵送してもらえるよう要請し、係官は入念にそれを読み込んで面談に臨む。

別の経済事件を告発した人物によると、「係官は前もって郵送した資料の隅々まで目を通しており、質疑も活発に交わされ、情報を疎かに扱うような雰囲気はなかった」という。特に東芝のような大企業の場合、内部告発者に対する事情聴取と資料の分析は相当慎重かつ綿密に行われたに違いない。

その一方で、不正の裏付け調査は極めて迅速に行われた。内部告発者が監視委に通報したのは一月だったとされ、監視委は二月一二日には東芝に対して金融証券取引法第二六条に基づいて報告命令を出している。通報を受けた翌月には報告命令を発しているほどだから、内部告発者から提供された内部資料は具体的で信憑性に富んだものが相当量提供されたに違いなく、監視委はそれによって不正会計が行われた確証をつかんだのだろう。

意外なことに、記者クラブに属している記者たちにさえ、告発の経緯やこの内部告発者のおぼろげな人物像、この人物がどんな資料を持ち込んだのかなどについて、情報は全く出回っていない。誰に聞いても「いや、全くわからないんですよ」という答えが返ってくるばかりなのだ。筆者も含めて、内部告発者の正体を暴きたいと思っているのではなく、告発の経緯を知りたいと思っているだけなのだが、一切が不明だ。この点について触れる記事が出ても、「電話で通報があった」とする記事もあれば、「メールに内部資料が添付されていた」と書かれている記事もあって、真相はよくわからない。通報先の官公庁が内部告発者について漏らしてしまうことも少なくないのだが、東芝のケースでは内部告発者についての情報は監視委全体で厳重に秘せられたに違いない。

監視委の場合、公益通報者保護法に照らして内部告発に該当する情報提供と、そうでない情報提供の両方を扱うだけに、個人情報の取り扱いを心得ているのかもしれない。あるいは官公庁でも内部告発の取り扱いについて、意識が高まるとともに認知が広がってきたということだろうか。

東芝の事件でもう一つ特徴的だったのは、粉飾決算の影響の大きさや手口が明らかになるにつれ、内部告発者が群がり出た点だ。オリンパス事件でも筆者らのもとに次々と情報提供や内部告発が舞い込んだが、東芝のケースはそれ以上だったのではないか。あるいは何かのきっかけで内部告発者が同時多発的に現れてしまうのは、日本の経済や社会そのものを象徴している現象かもしれない。

取ってつけたような米国的な企業経営を手本に、目先の利益の極大化を目指すあまり社員や取引先を大切にしなくなり、そのしっぺ返しを食らってしまうのだ。

面従腹背の社員が不満を貯め込み、不祥事をきっかけに堰《せき》を切ったようにみなが内部告発を始めるのは、内部告発する側に義があると考える社員が多くなるためだろう。組織内で自浄能力が働いたとも言える（あまりにも遅かったが）し、組織として体をなさないほどタガが外れて制御不能になったとも言える。同様のケースは今後いくらでも起きるはずだ。

流出した「隠蔽工作」メモ

こうした現象を最も上手にスクープにつなげたのが経済誌の日経ビジネスである。

「日経もここまでやるのか」

二〇一五年八月下旬から九月上旬にかけて、日経ビジネスは紙媒体だけでなく、オンライン版でも東芝の不正会計とその周辺問題についてかなり踏み込んだ批判記事を集中的に掲載した。内部告発者の生の声をストレートに盛り込んだ記事は、ときに東芝をおちょくるような内容で（「揶揄」というような上品な漢語はそぐわないほどストレートだった）、企業との対決姿勢を打ち出している。もちろんこうした姿勢を継続するのは難しいし、親会社の日本経済新聞社までも同じ批判姿勢を打ち出していたわけではないが、取材のうえで気を遣わなければならないはずの東芝に対して無遠慮な記事を連発したことだけは確かだ。

筆者も一読者として日経ビジネスを見直した。

こうしたマスメディアの姿勢の変化は随所に見てとれる。朝日新聞は特に近年、内部告発を活用しているように見えるし、筆者がオリンパス事件を報じた月刊誌ファクタ編集部には、恐らく筆者の想像を超える件数の内部告発が寄せられているだろう。

話を日経ビジネスに戻す。同誌は誌面やホームページを通じて東芝社員に情報提供を求め、前述した〝チャレンジ〟を強要される模様をICレコーダーで録音した音声データや、役員間で交わされたメールを入手して原発子会社ののれん代（企業買収時に支払った金額と買収先の純資産の差額）問題にまで切り込むなど、東芝の奥の院で何が行われていたのかを詳《つまび》らかにした。

特に社外に流出したメールは謀議としか言いようのないもので、会長や社長、財務担当役員、財務部長、法務部長らの間で交わされた「隠蔽工作メモ」だった。第三者委員会の調査範囲を限定するよう申し合わせ、原発子会社の減損を隠蔽し、そのために監査法人に圧力をかけ……、その克明な内容に読者は誰もが固唾を飲んだはずだ。暴かれる側にとってこれほどのダメージはなく、閉じこもっていた塹壕の中に手榴弾を投げ込まれ、これが内部の火薬庫に引火して誘爆を起こしたようなものだった。組織が自壊する際のモデルケースのような展開である。

内部告発によって東芝の不正会計が問題になったとき、識者の間では「東芝のような大企業に勤める優秀な社員なら、内部告発のような軽挙妄動に走るだろうか」あるいは「社会的正義感だけで内部告発などするはずがなく、背後には派閥争いなどがあるのだろう」と言われた。〝優秀な社員たち〟は自分の利害得失を計算することに長けているから、会社や社会正義、個人的な不満のはけ口として告発することはないという意味であろう。

確かに平時はそうかもしれない。しかし東芝が置かれていたのは平時ではなく、その後も様々な形で社外に情報が漏れ続けた。人の心は木石《ぼくせき》ではないし、集団心理の作用でひとつの方向に向かって暴走することもある。

識者の予想や期待を裏切って、内部告発者は群がり出た。前出の日経ビジネス以外の雑誌や新聞、テレビに告発状を送った社員も少なからずいたであろうから、告発者は数百人単位で現れたのではないか。告発者が次から次に現れたのは、遅れに遅れた決算発表が間近に迫ってからも新たな会計上の問題が次々と発覚し、二度三度と発表を延期したことが証拠立てている。

東芝の有価証券報告書によると、従業員数はグループ全体で約二〇万人に及ぶ。そこから恐らくは一〇〇人単位の内部告発者がマスメディアに情報を提供したはずだ。東芝社員の家族や取引先など、何らかの影響が及ぶ範囲は一〇〇万人を超えるだろうから、一種の

〝社会転覆〟を招いているようにさえ見える……と書いてしまっても大袈裟すぎはしないだろう。損失隠し発覚後のオリンパスがそうであったように、行き着くところまで行かないと止まらないのが内部告発のもう一つの特徴だ。

筆者が見てきた内部告発案件の経験則から言えば、不正や問題を抱えている組織が傷口を広げまいとして情報を小出しにすると、内部告発者やその周辺の関係者が「うちの会社はまだまだ多くの問題を隠蔽しようとしている」としてマスコミへの通報を活発化させるようになる。

その段階になると、すでに「勇を鼓して内部告発に踏み切った側に義があり、情報の内容も信憑性が高い」と受け止められるようになっており、社内からは同時多発的に新たな告発者が現れるようになる。その組織が風通しが悪く、内部に不満が鬱積していればいるほど、内部告発は圧縮熱が高まるようにして手がつけられなくなっていく。

また、その頃になると事件や不正の性質によっては、監督官庁や警察、検察が内偵捜査や調査を始めていたりするから、不正に関わった者たちはすでに追い詰められようとしている。これまで不正に気づきながら事態の推移を息を殺して見守っていた社員たちも、「何でもあり」の状態になったことで黙っていられなくなる。オリンパスがそうであったし、東芝も歴代の社長が会社を去った後で一種の無政府状態になり、平時なら決して外部に出ることのない役員間でやり取りされたメールまでも社外にあふれ出た。これも一種の群集心理というものだろう。

オリンパス事件の最中に筆者らのもとに寄せられた多くの告発状には、自分の会社が情けないことを続けていることに対する狂おしいほどの怒りや悲しみが渦巻いていた。そして社員よりも、告発状を受け取った筆者の方がオリンパスの行く末を心配しなければならないほど、様々な内部情報が寄せられるのだ。オリンパスの内情や、社員の名状のしようがない複雑な気持ちが手に取るように伝わってくる。

告発は告発を呼ぶのだ。不正の発覚などを機に組織の根太《ねだ》が緩み、結束が揺らぐと、内部告発は伝染しやすくなるという特徴があるようだ。それまで組織内に溜まりにたまっていた不満が内部告発の形となって同時多発的にあるいは噴出し、あるいは爆発する。オリンパスの損失隠し事件では、それが明るみに出てから内部告発者が次々に現れた。これを上からなぞるような展開になっているのが東芝の粉飾決算だ。もはや内部告発は日本の社会現象というしかない。

筆者は思うのだ。オリンパスの損失隠し事件が発覚したときには、すでに東芝も粉飾決算に手を染めていたはずで、「あのとき、東芝の経営陣はオリンパスを見てどう感じていたのだろうか」と。

東芝の経営者が心すべきこと

以下のくだりは、特に東芝の経営陣に読んでもらいたいと思って書く。会社の再建は財務指標を改善させるだけなら、簡単かもしれない。金融機関の支援を得ながら第三者割当増資などで自己資本を増強し、目先の利益をひたすら追求すればいいのだから（実際にはそれさえ大変な苦労を伴うのも重々承知しているが）。

しかし企業風土まで変えるとなると、問題のあった役員や社員に責任を取らせ、会社はその逆恨みを買いつつ、返り血を浴びる覚悟で取り組まなければうまくいくものではない。社員全員がそうした取り組みの一つひとつを会社の内側から見ている。それも何も見ていないようなさりげなさで、隅々まで目を凝らしている。妥協や容赦が垣間見えた途端に「やっぱりウチの会社は本気で生まれ変わるつもりなんてないんだ」と白けてしまうのだ。社員たちは自分の会社の役員や、それに付き従う幹部社員たちがどれだけ情けなくてだらしないことをしてきたのか、よく知っている。それが一朝、新聞やテレビのカメラの前で首を垂れ、責任を追及されているのを見れば、会社そのものに嫌気がさす。

特に内部告発によって不正が発覚した会社の再建には、厳しい取り組みが強いられる。内部告発者の予備軍が社内に大量に残るなかで、自壊しかけた組織に結束をよみがえらせつつ、企業風土を改めるという息の長い取り組みが求められるのだ。

社員一人ひとりの行動に徹底した制限を加えるだけなら、社員の心はさらに離れていくに違いない。逆に厳しく膿《うみ》を出し切ることで社内の融和と結束を求めるか、あるいはその両方を選択しなければ再起は難しいのではないか。

反発を招く締め付け

損失隠し事件後に財務内容が大きく悪化し、株価が急落したオリンパスは、近年財務内容も株価も回復が著しい。特に株価は損失隠し発覚前を上回るようになった。しかしその回復は本物だろうか。

オリンパス社員に支給される手帳には、社員たちが〝オリンパス憲法〟として半ば恐れ、半ば嘲笑している行動規範が書かれている。社員が会社に向かって「〜します」「〜しません」といった、宣誓形式の〝条文〟になっている。損失隠し事件後に弁護士も交えて練った内容なのだそうだ。ところがそこに記されているのは、公益通報者保護法よりも厳しく社員を縛る内容だ。社員の中には「北朝鮮のような内容」と自嘲気味に話す者もいる。人の心の動きに対してよほど鈍感な者が作ったに違いない。

損失隠し事件以降、内部告発によほど懲りたためか、社員が社外に向かって情報を発信したり、漏洩させたりすることを警戒した中身である。たとえば「新聞、雑誌、テレビ等メディアと接触し情報を開示する場合には事前に広報責任者の了解を得ます」――。これは公益通報者保護法で認められている通報先への接触を事実上、制限する内容だ。「内容が肯定的、否定的であるにかかわらず、インターネット等のメディアを利用して、会社やお取引先などについての個人的な意見表明や情報提供を行いません」とも書かれている。

こうした締め付けは反発や無気力を招く。オリンパスでは毎年、社員とその家族を招いての夏祭りや運動会が催されるが、半ば参加が義務付けられていても参加率は六～七割程度にしかならない。参加者は長野県の工場従業員らが動員されていながら、この程度なのだ。

損失隠し発覚から二年が経った二〇一三年三月――つまり新年度入り直前、あるオリンパス社員が「当たり前と言えば、当たり前の現実です」と記した一通のメールをくれた。新入社員を思うように採用できなかったとの内容だった。着信時刻は深夜二時を回っている。会社の先行きを憂いながらも、バカバカしく思ってこのメールをくれたのだろうか。

大きな不祥事を起こし、救いようのないほど爛《ただ》れた企業風土をさらけ出したオリンパスでは、損失隠し発覚後に新卒採用でも思うように人材が集まらず、デジタルカメラなどの映像部門や、内視鏡のメンテナンスを行うサービス部門は一人も採用できなかったという。特に東北地方に抱える工場では人材を確保しなければならないにもかかわらず、それが困難になった。内視鏡のメンテナンス要員には「高等専門学校（高専）か大卒の社員を充《あ》ててきたが、それができなくなった。採用ゼロは会社が始まって以来のこと」（情報を提供してくれた社員）だったという。全体では従来の一割ほどしか採用できなかったとも記されている。

しかもその頃のオリンパスでは、優秀な社員は会社に嫌気がさして櫛の歯が抜けるように退社していた。再建に邁進《まいしん》しなければならない会社が、膿を出し切らずに社員にプレッシャーをかければ、人は愛想を尽かして去っていき、新入社員も集まってくれないのは当然だ。

こうした状況が続くと、製品競争力が目に見えて低下し始める。ただでさえ赤字が体質化していた映像部門では、追い打ちをかけるように新規投入したデジカメに不具合が見つかるようになり、他社が羨むほどの有力な収益源だった内視鏡にも不具合が見つかって改修騒ぎを起こすようになった（内視鏡の改修についてオリンパスでは、質問されれば答えるといった程度で、自ら適時開示はしていない。いかにもオリンパスらしい）。

企業風土や体質の改善が置き去りにされた結果、米国を中心に海外ではオリンパス製十二指腸内視鏡によってスーパー耐性菌に感染する患者が多く現れる問題が浮上し、米食品医薬品局（FDA）と対立するなど、またもや巨額の罰金支払いを強いられるリスクにさらされている。しかもこの耐性菌問題の裏側は内部告発者によって、逐次情報がもたらされているのだ。これで「オリンパスは再起した」と言えるかどうか。

このくだりの冒頭で「東芝の経営陣に読んでもらいたい」と書いた。

東芝の社員たちは内部告発で自分の会社のふがいなさを見せつけられたことで、心が離れてしまっているに違いない。財務内容の傷みが激しくなった東芝からは、当分の間、会社や上司、あるいは自らに失望して去っていく社員が多くなるだろう。これから就職しようという若者にとっても、東芝は就職先として選びにくい会社のはずである。これが内部告発がもたらす負の効果の一つである。

東芝は今後、オリンパスのように内部告発を警戒して社員を締め付ければいいのだろうか？

そうではあるまい。原点に立ち返って信賞必罰を徹底して膿を出し切り、社員を大切にするのが再建への近道なのだ。そうしなければこの先も不満を抱える社員が「東芝は何も変わっていない」と訴えるために内部情報を持ち出したり、内部告発するなどし、社内はまとまりを欠いた状態が続いてしまう。それはオリンパスの〝事件後〟が何よりもはっきりと証拠立てている。

薄れるばかりの忠誠心

このくだりでは特に日本企業の経営者や幹部に言いたいのだが、企業がリストラに血道を上げて社員を大切にしなくなった分、彼らの自分が勤める企業に対する忠誠心は薄れている。

逆心を抱いた社員が群がり出る素地や背景はすでにでき上がっており、そこに内部告発が持つ影響力の大きさが触媒となって、日本人の気質が少しずつ変わってきているのではないか。かつて「社畜」とさえ呼ばれた従順な社員は、いつでも内部告発者に変身するようになったのだ。

オリンパスを見よ。優秀で大人しかった社員たちが、損失隠し事件を境に次々と内部告発者になり、騒動が収束した今も「あなたたちの監視の目が行き届かなくなったら、またオリンパスの幹部はやりたい放題になった」として様々な情報を筆者や雑誌編集部に提供してくれる。それもその都度、別々の社員やOBが情報を寄こすのだ。

「社長から社員に対して、こんなメッセージが発せられた。危機感や当事者意識が欠如している内容だ」

「取締役の○○は会社の経費でこんなひどいことをしている」

「この事業のカネの流れに怪しい点があるので調べてほしい」

といった具合だ。

社員たちはあなたの会社に対し、これまでのようには愛着を持たなくなった。見返りをちらつかせてなだめようとしても、もう無駄だろう。なだめようとすれば、かえって嗜《し》虐心《ぎゃくしん》を刺激して、より過激な行動を起こすかもしれない。内部告発者に小手先の対応策は通用しないのである。

しかもそうした情念は本人も気づかないほど心の奥底に潜んでいて、普段は長いものに巻かれていたがるのだが、何かの拍子にそれは「おかしいだろう！」とむくむくと頭をもたげる。告発の動機は、派閥抗争の割を食って粛清人事に遭ったことだったり、業務上の失策の責任を押し付けられたことだったりで、様々だろう。必ずしも告発の動機は純粋とばかりは言えない。

しかしその人物が組織内で追い詰められれば追い詰められるほど、告発の情念は純度が増すのかもしれない。告発したことで奪われたポジションや待遇を回復できるかどうかは、二の次、三の次になっていくという不思議な精神作用だ。よく言えば目的が純粋になっていくということであろうし、これが行き過ぎれば会社を告発して争うこと自体が自己目的化してしまうということになるかもしれない。

いずれにせよ、報われるところがないのにあえてサラリーマン生命を賭《と》して告発するのだから、告発者たちはかえって心の自由を得て真剣に立ち向かおうとするのではないか。欧米の内部告発と比べたとき、それが日本の内部告発の大きな特徴であろう。それを手放しで美化したり、称揚したりするつもりはないが、少なくとも筆者の周りの告発者たちは、不思議なくらいにみなそうだ。「失うものがなくなったサラリーマンほど恐ろしいものはない」というのは本当かもしれない。

あるいは内部告発で騒ぎが大きくなっていくにつれて、告発者側も知らず知らずのうちに「告発の動機は公益のためである」と装飾してしまうのかもしれない。

欧米人の目には、日本人のこうした仕事観や内部告発への姿勢によく理解できない部分もあるようだ。

来日した外資系投資銀行の幹部と面会したのは、丸の内のレストランでのことだった。東芝の不適切な会計処理が大きな問題となった二〇一五年五月のことである。外資系金融機関や外国人投資家の多くがそうであるように、その幹部は東芝の不正会計問題に強い関心を持っており、来日の目的の一つは東芝問題について情報を集めることだったようだ。

すでに記したように、東芝の問題も金融庁の証券取引等監視員会に内部告発が舞い込んだことが発端になっている。幹部との話題は自然と内部告発にも及んだ。

「オリンパス事件の内部告発者たちは、まだ会社にとどまっているのだろうか」

「日本には内部告発者に（金銭的に）報いる法制度はあるのか。それがないのに、なぜ内部告発が増えているのか」

幹部の質問は多岐にわたり、私もワイングラスを持った手を止めて真剣に答えた。内部告発したところで報われることの少ない日本で、なぜ告発が増えているのか、彼にはよく理解できないようだった。正直なところ、筆者にもよくわからない。あえて言うなら、追い詰められると経済的な得失を離れ、物事の道理を通すことに狂おしいまでの情念が目を覚ますのではないか。少なくとも私の前には、オリンパス以外でもそうした告発者が多く現れた。

こうした情念は日本人が最近になって新たに獲得した民族的気質かもしれない。少なくとも勤勉で礼儀正しく、自己主張は控えめで、集団の和を重んじ……といった、これまでの日本人気質や民族性とは異なっている。それとも追い詰められると死を覚悟して玉砕しようとする悪い癖の変形なのか。

密告と内部告発

日本では内部告発と密告は重なり合う部分が大きい言葉と思われがちだ。はたしてそうだろうか。日本人が内部告発と密告をどう捉えなおすべきか考えるうえで、歴史的な経緯を踏まえなければならない。

江戸時代に徳川幕府が用いた制度の一つに、五人組がある。近隣の五戸を一つの単位としてまとめ、治安維持や納税で連帯責任を負わせた。幕府が積極的に密告を奨励し、農民らが一揆を起こして治安を乱すことのないように五人組の中で相互監視させた。

つまり幕藩体制や支配階級を維持するために制度として採り入れられたのが密告であり、支配階級に改めるべき問題や不正があろうと、仲間を売る行為は正当化された。これが日本人の心の奥底で、密告に対する暗いイメージを固着させてしまったようだ。

一方、現代社会の内部告発は組織の不正を正すのが目的であり、かつての支配階級に相当する経営陣や幹部社員を守るための行為ではない。「密告とは支配階級に追従する行為」で、これに対して「内部告発は社会全体のための行為」として切り分けて考えるとすっきりする。

内部告発を日本人のメンタリティ――内部告発を密告と考えがちな社会風土――といった断面だけで捉えてしまうと、問題の全体像を歪めてしまったり、大局的な判断を誤ったりしがちだ。では外国人の目には内部告発がどう映るのだろう。告発しなければならない問題に直面したとき、彼らはどのように振る舞うのだろう。

ある外資系証券会社のアナリストは、欧州の本社幹部たちがオリンパス事件について理解に苦しんでいたと証言する。九〇年代以降、オリンパス上層部では損失隠しが申し送り事項になり、歴代の社長をかばうために問題を隠蔽し、ウソをついてきた。その挙句、元会長と元副社長、元監査役が逮捕され、彼らは民事と刑事の両方で大きな責任を問われることになったことにはすでに触れた。他の役員たちも民事上の責任を問われ、巨額の損害賠償請求を起こされている。このように会社の犠牲になって責任を取らされることが、欧米人には理解できないというのだ。

「会社の不始末をなぜ個人の責任で隠蔽し、罪を被って犠牲にならなければならないのか。たかが会社のやることじゃないか」

企業法務に詳しい弁護士は、欧米人のこうした考え方について解説する。

「欧米では会社の役員が責任を全うしなければ徹底的に批判され、責任を問われる。批判を受けることがないように彼らは徹底的に闘うし、こうした考え方は会社役員だけのものではない」

契約社会であるのだから、取締役として株主に対して果たさなければならない責任は契約で定められている。自分の上司や歴代社長に対する情義よりも、株主に対する責任を重んじるというわけだ。当然、告発して徹底的に闘うことをためらわない。

それには宗教上の教えが影響しているのかもしれない。キリスト教のプロテスタントは神と個人との関係を、一対一の契約関係にも似た捉え方をするという。神と一対一で向き合い、神の目にさらされているのだから、責任の果たし方は厳格にならざるを得ない。

オリンパス事件に強い関心を抱いたのは、日本を除けば英国であろう。筆者の記事を読んでオリンパスの秘密を独自に調査したメディアもあった。それは社長を解任されたマイケル・ウッドフォード氏が英国人であるという理由のほかに、英国人には集団への帰属意識などの点で日本人とよく似た気質があるからだとの解説を聞かされたこともある。

中国人もメンタリティの面では日本人とよく似ている。筆者がオリンパス事件についての講演を求められ、二〇一二年に北京国家会計学院を訪ねたときのことだ。同学院の副院長から「中国で同じような問題が浮上すれば、やはり心情的に内部告発はしにくい。こうした問題をどう捉えて対処すればいいのか」と尋ねられた。

国家会計学院はその名からうかがえるように中国の国家機関である。単なる公認会計士養成機関ではなく、大手監査法人の幹部が務まるような人材や、大企業の財務担当役員を任されるような人材を国際社会に輩出することを目的として設立されたエリート養成機関である。

それを率いるエリートたちも内部告発をどう捉えればいいのか、答えが見つからずに戸惑っている。中国は儒教の国であり、論語には「父は子の為に隠し、子は父の為に隠す。直《なお》きこと其の中に在り（父は子の罪を隠してやり、子は父の罪を隠してやる。本当の正直とは、そういうところにこそ存在する）」という一節がある。内部告発は論語に当てはめると不道徳な行為となってしまいがちで、身内の告発には躊躇せざるを得ないのだ。

筆者は「たとえば一〇キロ入りと表示された小麦の袋があって、実際には九キロしか入っておらず、しかも質の劣る小麦が混入していたら、これを取り扱った者は商道徳に反するとして非難されるでしょう。有価証券報告書にウソの内容が記されていたら、それも（論語に当てはめて考えるのではなく）商道徳に反する行いだと考えればすっきりするのではないでしょうか」と答えたが、彼らが納得してくれたかどうかは自信がない。理屈で割り切れても、心情で割り切れないから日本人も中国人も困っているのだ。

あるいは「密告は利己のため、内部告発は利他のため」と線引きするほうが、わかりやすいのだろうか。

日本の法曹界が参考としている公益通報者保護のあり方として、韓国の例が挙げられる。韓国の法律は公益通報者の保護を徹底しているのが特徴のひとつで、公益通報者が会社から不利益を被った場合、公益通報が原因と見なすという規定があり、罰則も設けられている。一方でマスコミへの通報は認めておらず、通報を受けた行政が通報を握り潰してしまった場合、それをマスコミがチェックすることができなくなる恐れが残る。

また法律はしっかり整備されているが、実際の運用面ではまだまだうまくいかない部分も多いとの指摘もある。

告発者に冷たいのは日本だけか

欧米では個人が世間での名誉や評価を保つため、内部告発してでも会社組織と徹底的に闘う社会的な風土や素地があると書いた。加えて米国では内部告発を奨励する法制度が整えられており報奨金さえ支払われる。内部告発が社会を健全に保つシステムの一部として組み入れられているほどだから、もはや社会的要請であると言ってもよさそうだ。欧米社会が内部告発を積極的に活用する点で、日本とは大きく異なる。

では、欧米では内部告発者が賞賛や喝采をほしいままにし、次の職を探す際に引く手あまたであるかと言えば、決してそんなことはない。むしろその逆である。

ここでは二〇〇一年に米国で起きたエンロン事件について書いておきたい。

エンロンはエネルギー取引を手掛ける企業として、米国でも指折りの規模を誇っていた。「誇っていた」と過去形にしたのは、エンロンが二〇〇一年一二月に経営破綻してすでに存在しなくなっているからだ。経営学や経済学を学んだ専門スタッフを多く抱え、エネルギー取引に最先端の金融工学を採り入れた商社として知られる優良企業だったが、監査法人をも巻き込んで損失を飛ばすなど、粉飾決算に手を染めていたことが発覚してあっけなく倒産した。

その影響は甚大だった。エンロンの会計監査を受け持っていた、大手監査法人のアーサー・アンダーセンは粉飾決算や証拠の隠蔽に手を貸していたことが発覚して信用が失墜し、解散に追い込まれることになったほどである。加えて企業会計全体の信頼性も問題になり、個々の企業が会計上の健全さを確保するため、「上場企業会計改革および投資家保護法（SOX法、企業改革法とも）」が制定されるなど、法制面にまで大改革が及んだ。

エンロンの粉飾決算は内部告発がきっかけで発覚した。内部告発者のシェロン・ワトキンスが著した『エンロン内部告発者』（ダイヤモンド社、二〇〇三年刊）にエンロン内部で何が行われていたのかが詳述されており、週刊東洋経済の二〇一五年一〇月に掲載された記事で、彼女は告発後の境涯を語っている。告発者がもたらす教訓として興味深いのは、彼女が公認会計士の資格を持つ才女でありながら、エンロン事件後に再就職できていないことだ。

内部告発を奨励しているはずの米国でさえ、一度内部告発をした個人がそれを広く知られてしまうと、再就職は難しい。どんなに優秀な人物であろうと、企業秘密を共有できない要注意人物とみなされてしまうのだ。

こうして考えてみると、内部告発者をはじき出してしまおうとするのは、日本的なムラ社会だけの特徴ではないのだろう。むしろ内部告発や内部告発者をどう扱うかに、文化的な背景が投影されるのであって、欧米と日本とでどちらが優れているかという問題ではなく、一長一短があるに過ぎないのかもしれない。

たとえばワトキンスはインタビューで、知人から「会社は自らを正当化するため、内部告発をした社員を悪者に仕立て上げようとあらゆる手段を使うもの。あり金をはたいてでもできるだけ大物で腕の立つ弁護士を雇え」と勧められたと語っている。あるいは日本でもやがて米国のように内部告発者に罪をなすりつけようとする事例が珍しくなくなるのだろうか。

4　いかに告発するか——成功と失敗を分かつ条件

それぞれのメディアにはタブーがある

「どのマスメディアに通報すればいいのか」は意外に悩ましい問題だ。テレビやラジオなどの放送局は意外に当てにならない。スポンサー企業からの広告収入に頼らざるを得ないため、テレビCMのクライアント企業の不正を暴くことには腰が引けてしまうことが多いからだ。他のメディアが大々的に報じるようになってから、恐る恐ると「では、ウチも」と報じ始めるのが常だ。地元に有力企業を抱えている地方紙にも同じことが言える。

わかりやすい例を挙げてみよう。たとえばテレビCMの出稿が多いJR各社などに対して、テレビ局はからっきし弱い。東海旅客鉄道（JR東海）が進めるリニア新幹線計画は消費エネルギーや環境負荷、工事の難しさ、事故時の安全性など、多くの問題を抱えているにもかかわらず、テレビ番組などで批判されることはない。

他の有力スポンサー企業に対しても同じで、長年特定の番組のスポンサーとなってくれている企業に対しては、なかなか批判の矛先を向けようとはしない。

では、雑誌ならどうか。雑誌はぶんぶん振り回すように思い切った記事を書いているように見えて、意外に批判対象をしっかり選別している。大手小売り業者、特にコンビニエンスストアには弱いのだ。コンビニの批判記事を書こうと取材を始めると「ウチのコンビニであなたの雑誌は扱わなくなりますよ」と脅かされて、記事掲載を諦めることもある。週刊誌の場合、「コンビニの店頭で陳列する位置をアダルトコーナーに変えられただけで、売り上げには大きな打撃となる」（週刊誌編集者）というから、告発しようとしている相手がコンビニである場合、最初の通報相手として週刊誌を選ぶのは避けたほうが無難だろう。

もちろんここで挙げたJR各社やコンビニは、典型例でしかなく、ケンカをしたくない相手は放送局と同様、どの雑誌にもあるものだ。

通報先の選択肢は狭い

何か決定的な証拠――内部資料や映像、音声の録音記録――を提供すれば、マスメディアは動いてくれるかと言うと、必ずしもそうではない。新聞社もテレビ局もニュース価値の判断が硬直的になりつつあり、官公庁や捜査当局の発表によって問題がオーソライズされなければ、記事を書こうとしない記者も少なくないのが現実だ。特に記者クラブに属している記者はそうした傾向が強い。「企業や官公庁の公式発表を処理するだけの発表媒体」と揶揄される所以《ゆえん》である。

ある程度経験を積んだ記者や遊軍記者は別としても、記者クラブに詰めている記者たちは内部告発をもとに自分で事件や問題を掘りかえす調査報道を試みるより、その問題に対して監督官庁や捜査当局が調査や捜査を本格化させるタイミング（たとえば家宅捜索など）を探ろうとするのだ。そうなると、よほど確たる証拠を提供してもせっかくの告発が黙殺されるか、警察が本格的な捜査に乗り出すまで待ち続けなくてはならなくなる。筆者自身、そうした失敗を多く見てきた。

彼らは自分の担当する官公庁の取材を優先せざるを得ず、特に近年は足を使った取材から遠のきがちのように見える。だから記者クラブの外の情報には呆れるほど疎いし、視野も狭い。マスメディアの記者に通報するなら、「記者クラブに詰めてバリバリやっています」という若手記者は避けたほうが賢明だ。マスメディアへの通報は、キャップやサブキャップの年次の記者を見つけるか、雑誌記者に打ち明けるほうが確実性が増すのだ。

さらに言えば、新聞社によっては企業として存続していけるかどうか不安視されている会社もあるだけに、そうした新聞社は訴訟リスクを敬遠する。訴訟費用がかさんだり、裁判で負けて慰謝料を支払うのを避けようとするからだ。不正を通報するなら訴訟を厭《いと》わなかったり、訴訟リスクに耐えられるだけの財務的なゆとりを持っている新聞社を選ばなければならないのだ。

加えて新聞社ごとの色合いの問題もある。保守的な新聞になると、内部告発によって既存の秩序が脅かされると考えて、問題を積極的に報じたがらないこともあるだろう。そうした新聞やテレビは内部告発の相手として適当ではないから、これも選ばないほうが無難だ。

また近年、上場企業の粉飾決算に関する内部告発が多くなっているが、通報先の選択肢は極めて狭い。粉飾決算を暴くには会計ルールや財務分析などに精通しているジャーナリストや記者を選ばなければならないが、そうした記者は少ない。しかも政治家の不正からアイドルタレントのスキャンダルまで幅広く追いかける週刊誌は、経済に関心を持つ読者が少ないうえに経済問題を理解できる編集者も少ないため、粉飾決算が採り上げられる可能性はほとんどない。筆者もオリンパスの損失隠しについて、スクープを売り物にしている週刊誌に企画を持ち込んだが、結果は散々だった。

内部告発者は、経済を専門に扱っている新聞や雑誌、ネット媒体の中から、問題を正面から採り上げてくれるメディアをじっくり探すしかないようだ。

メディアはあくまで伴走者

マスメディアに通報する場合、自分の実名や連絡先を相手に告げるかどうかは、内部告発者なら誰しも迷うポイントだろう。新聞や雑誌、テレビの記者の力量がすべて一定の水準を超えているわけではないし、内部告発案件の扱いに慣れているかどうかも当然ながら差がある。最近はマスメディアも内部告発を積極的に扱うことが多くなったが、「実名で告発してくれなければ記事として扱うことはできない」という記者も少なくないのが実情だ。

ただし、告発を受ける側の都合を言わせてもらえば、「名前は実名でなくても構わないから、連絡先だけは明かしてほしい」というのが本音だ。記者やジャーナリストは告発者から善意で寄せられた情報と言えど、鵜呑みにはせず、必ず裏付けを取る。あるいは裏付けが取れないまでも、周辺取材を重ねて情報の精度を高めようとする。そうした作業を進めるうえで、集まった情報を告発者にフィードバックする必要があるからだ。

告発者も知らなかった情報をフィードバックできることだってあるし、あるいは見当違いなところを取材していないかどうか、告発者からアドバイスを受けることもできる。こうして告発者とマスメディアが情報のキャッチボールを重ねていけば、信頼関係が構築されて、「マスメディアに告発状を送ったが、梨のつぶて」ということはなくなるだろう。
マスメディアはよほどぼんやりしたところでなければ、受け取った告発状を放置したり、握り潰してしまうようなことは、まずない。それが大きなスクープにつながる端緒となる可能性があるからだ。せっかくの告発が記事にならないのは、裏が取りきれないからである。

告発者が組織内の事情をよく知っているからと言って、誤りのない完全な情報を持っているとは限らないし、それは告発を受けつけるマスメディアもよくわかっている。だから提供した情報に誤りが含まれていれば、素直に伝えてくれたほうが「この告発者は正直で信頼に足る」として相互の良好な関係はさらに深まるものだ。実はこうした誠実さこそが告発を成功させ、告発者自身の身を守る重要なカギになる。

内部告発を考えている人たちに、もう一つ強調しておきたいことは、内部告発者にとって不正を暴くことが正義であり大義であるのと同じように、マスメディアにとって報じることが正義や大義に適った行為であるという点だ。予想外に影響が大きくなった後になって「怖くなったから、もう記事を書くのはストップしてほしい」「社内で犯人捜しが始まるかもしれないから」と言い出しても、それは聞き入れられない。

筆者が尊敬してやまない、あるジャーナリストがかつて内部告発をもとに企業の不正会計を記事にした。当初は協力的だった内部告発者は、その影響が大きくなるにつれて不安になったらしい。

「これ以上、騒動が大きくなると会社がつぶれてしまう。もう記事にするのはやめてほしい」

「さらに記事にするなら、あんたを殴り殺してやる」

懇願や脅迫にも似たメールが、内部告発者からジャーナリストのもとに送りつけられた。しかしジャーナリストは記事を書き続け、不正を余すことなく暴ききった。

内部告発者の心理は、脆くて危うい微妙なバランスの上でかろうじて保たれていることがある。特に匿名で告発している人たちに、そうした傾向が強い。

顔をさらして実名で告発している人たちは、ある意味で失うものがなくなっている。しかし匿名で告発した人たちは正体が発覚することで失うものがまだまだ多く残っているため、予想外の展開になったときには不安心理でいっぱいになり、腰が引けてしまうことがあるのだ。

ジャーナリストと内部告発者は「不正を改める」という一点に軸を置き、同心円を描くように行動を共にする。しかし右に挙げた例のように、ジャーナリストと内部告発者はどこかで二人三脚を止めなければならないことがある。ジャーナリストにとって最も大切なのは事実を報じて公益に資することであり、内部告発者への配慮はあくまでも副次的な位置づけになることがあるのだ。内部告発者の利益や安全を最大限尊重するが、たすきで結んだ二人三脚の足はどこかで離れていく。

しかもこのケースでは、内部告発者の正体が発覚することで被る不利益が問題になっていたわけではない。幸いにも不正を暴かれた企業は倒産することなく、今も事業を継続している。

マスメディアが内部告発者の正体を断りなく暴露してしまうのは論外だが、ジャーナリストや報道機関にとっての「正しい行い」とは、何が起きているのかを報じることであって、内部告発者の代弁者になることではない。あくまでも伴走者の位置づけである。消費者の命や健康に関わる不正であればなおさらで、内部告発者の思うような展開にならなかったり、懇請が聞き入れられないことがありうることも覚悟しなければならない。

組織内の同調者は不可欠

会社などの組織に所属する人間として人生を賭けて闘う以上、内部告発は成功させたほうがいいに決まっている。それには何が必要か、考えてみよう。

内部告発に踏み切って「失敗」することは、告発者の主張が認められずに何も改善がされないまま、組織から追放されることだろう。その一方で何をもって「成功」とするかは難しいところである。「社会正義に反する」「公共の利益にならない」と思って告発した不正が改められたとしても、告発者が組織にいられなくなってしまったり、閑職に回されて定年退職まで昇給の見込みがないまま安月給をもらって過ごすだけになったりすることを「成功」と呼べるだろうか。ここで言う「成功」とはどういう状態のことなのか。どうすれば成功するだろうか。

筆者の経験から考えて、内部告発がうまくいくには同じ組織の中に同調者が現れることが不可欠だ。告発者に加えて、同調者が二人以上現れた場合には、この内部告発はかなり高い確率で成功すると思う。この場合の同調者とは、単なる支援者ではない。告発者の問題意識に共鳴し、自らも告発者となる人物のことである。

たとえば企業に架空取引があり、これを経理担当の社員が告発したとしよう。そこに営業担当の社員が「確かに営業の現場では、その取引相手と商談が交わされるようになったのか、不審な点が多い」として、取引相手の社名や与信状況についての情報が報道機関などにもたらされる。その報道に接した購買担当の社員が「部品や材料の仕入れに実体がなく、検収が杜撰《ずさん》だった」として内部資料を持ち出す。

告発者一人では情報が断片的になりがちだが、ここに同調者が加われば情報の厚みが増すうえに多角的になる。特にマスコミに通報してこれが報じられた場合、告発者から同調者への横の連帯が広がりやすい。社内や監督官庁だけの閉鎖的な調査と違って、情報がオープンになるうえ、社会的な関心の高まりが告発者や同調者にとって追い風になるからだ。

では同調者がいればうまくいくのかというと、必ずしもそうではないようだ。ある証券会社で上司のパワーハラスメントがひどいとして、数人の社員が結束して社内の通報窓口に話を持ち込んだ。窓口への通報は、結婚退社が決まっている女性社員が中心となって行った。退社が決まっている人物なら、問題が後を引くことはないだろうと配慮したのだろう。

通報を受けた会社はきちんと対応し、問題の上司と通報した社員たちの双方から事情を聞いた。ところが事情聴取を受けたことで、社員たちの中に腰が引けてしまった者が現れた。

「これは（結婚退社する）○○さんが勝手にやったこと」と言い出す社員が出てきてしまい、告発者側は空中分解した。通報窓口に届け出た女性社員は梯子《はしご》を外された形になり、それまでの仲間だった社員らを相手取って訴訟を起こしたという。

告発する側はよほど強い決意のもとに結束を保てなければ、所期の目的を達成するどころか、後の人間関係まで壊してしまうことを示している。あるいは内部告発者とその同調者は、直接的な結びつきのないあっさりとした関係のほうが、むしろうまくいくのかもしれない。

一方、内部告発を受け止める側のマスメディア関係者に向けて書いておきたいのは、内部告発者との接触には細心の注意が必要なことだ。

内部告発は、告発者の身元が発覚することのないように細心の注意を払うものだ。筆者の場合、転々と場所を変えて告発者と落ち合い、電話をかけるときには盗聴を警戒して駐車場に止めたクルマに移動するようにしていたほど神経を使った。紛失や不法侵入を警戒し、パソコンや携帯電話には内部告発者の連絡先を本名で登録するのは避けるようにしたほどだ。

「スパイ映画気取りだな」と笑われるだろうか。しかしこうした小さな工夫や気遣いが内部告発者に伝われば、その信頼を得られ、より精度の高い記事が書けるのだ。

弁護士や経営コンサルタントは有効か

外部の人物に相談する際、マスメディア以外の相談相手として思い浮かべるのは弁護士だろう。あるいは会社が指定している外部相談窓口の経営コンサルタントというケースもあるかもしれない。

一口に弁護士と言っても、ピンからキリまである。単に内部告発案件を手掛けたことのある弁護士を選んだほうがいいというだけの話ではない。性質《たち》の悪い弁護士はドラマの中だけの存在ではなく、弁護士たちの間でも鼻つまみ的な者も少なくない。法律事務所も同様で、「この法律事務所に籍を置くと、他の法律事務所に移ることはできなくなる」というほど〝ブラック〟なところさえあるのが実情だ。

最近は企業が法律事務所やコンサルタント会社と契約を結び、内部通報の窓口になってもらうことが少なくない。中には一〇〇〇社以上の企業と契約を結んでいるコンサルタント会社もあるほどだが、これも用心するに越したことはない。

こんな例がある。

かつて起きた大きな経済事件で不正行為の手引きをしていた人物たちがいた。彼らは自分たちで金融ブローカー会社を立ち上げて役員や幹部社員に納まっており、その中には詐欺などの経済犯罪の容疑で繰り返し逮捕された履歴を持つ人物もいる。この会社の解散後、その部下は企業の内部通報窓口を請け負うコンサルティング会社を立ち上げ、顧客企業を抱えるようになった。もしも経済犯罪を繰り返すかつての上司と、この部下が気脈を通じていたらどうなるか。内部告発者が良かれと思ってこうしたコンサルタント会社に内部通報すれば、会社の不正が闇社会に筒抜けになり、脅迫の対象になりかねないとして、金融庁と警察はこのコンサルティング会社について情報を共有しているという。

またこうした経営コンサルタントは外部窓口業務を廉価で請け負ってくれるが、通報があったことを会社に連絡するだけで、通報のあった問題を積極的に解決しようと動くわけではない。連絡を受けた会社が通報を握り潰してしまえば、問題は闇に葬られてしまうのだ。内部告発の思わぬ落とし穴だが、むしろこれはどんな相手を外部通報窓口に選ぶべきか、会社側も真剣に考えるべき問題だろう。

地域を牛耳る学閥を敵に

公益通報者保護法は欠陥の多い法律だと言われていることは、すでに何度か述べた。「この手順に沿っていなければならない」「あの条件を満たさなければならない」といったハードルばかりが高いうえに厳密で、少しでも要件を満たさないと公益通報として受け止められず、通報者の保護にも消費者の保護にもなっていない。公益通報者を保護するという本来の目的や色彩が薄まった内容なのだ。

しかも公益通報者の不利益な取り扱いを禁じているが、罰則がないため事実上、実効性の面で問題が大きい状況だ。国のガイドラインでも通報者の個人情報を徹底的に保護するよう求めているにもかかわらず、通報を受けた官公庁が、不正の疑われる事業者側に通報者の実名を明かしてしまうというお粗末が相次いでいる。

少し長くなるが、金沢大学附属病院での医療ミスを通報した小川和宏准教授のケースを挙げておこう。小川さんのケースは内部告発者の個人情報が守られないケースが多いことに加えて、地方での内部告発にどれだけの難しさが潜んでいるのかわかりやすく教えてくれる。

実は小川さんにとって、この医療ミスの通報は二度目の内部告発になる。最初の告発は二〇〇六年だった。上司にあたる教授が医薬品メーカーとの取引を装った裏金作りをしているのに気づき、この年の一月に大学の研究室でそれを止めるよう進言したのが始まりだった。

半年あまりにわたって小川さんと教授の間で交わされた押し問答の様子は、ICレコーダーで録音されたものが文字起こしされ、裁判で証拠として提出されている。

最終的に不正経理問題を大学当局に通報したところ、大学側は教授の不正を認めて教授に出勤停止二ヵ月の懲戒処分（後に辞職）を決めたが、小川さん自身も大学側から陰に陽に嫌がらせを受けるようになった。これが大学で行われたとは信じがたいほどのことだが、処分を受けた教授側によって暴行などがでっち上げられたり、講義から締め出されたりして（学生からの評価も高く、年間四〇コマを受け持っていた講義はゼロになった）、研究室に一人籠って過ごす日々が続くことになった。

筆者は「はじめに」で「内部告発は自分が所属するムラ社会を撃つ行為だ」と書いた。小川さんのケースはそれを地で行く展開になった。金沢の地は地元意識が強く、異分子排除の空気が強い。金沢大学も旧帝大ほどではないにせよ、地元では大きなブランド力を持っている。そのOB・OGは医学界のほか、法曹界やマスメディアにも根を張り、結束は強固だ。小川さんの言葉を借りると、

「司法を含む公的機関、大学、メディア等の癒着が強く、不正等を隠蔽し助長する鉄壁の体制です」

彼らは母校の金沢大学に関する醜聞には徹底的にふたをしようとし、小川さんの争いは単なる「象牙の塔」の内部抗争ではすまなくなっていった。地域を牛耳る学閥を敵に回す行為だったのだ。

これは小川さんの一方的な思い込みなどではない。小川さんの事件を受任した東京の弁護士も「裁判所や行政機関などがスクラムを組んで裁判を遅延させるなど、内部告発者は社会を破壊する者として扱う風潮が強い」と声を揃えるほどである。

現在の小川さんは、捨扶持を与えられて座敷牢に幽閉されている状態だ。企業で言えば、リストラ部屋に放り込まれて、何の仕事も与えられずに精神的な嫌がらせを受けているよ

うなものだろう。大学にせよ、企業にせよ、社会福祉施設にせよ、閉ざされた世界は内部告発者に対して、とことん陰湿になる。

守られなかった告発者の個人情報

その小川さんにはもう一つ、見て見ぬふりをしていられない医療事故があった。二〇一〇年三月に金沢大学で先進医療を受けていた一六歳の女子高校生が死亡した。早期の腫瘍《しゅよう》が見つかり、カフェインと抗ガン剤を併用する化学療法を受けていたのだが、投与後一一日で亡くなったのだった。実はこの療法では大規模な倫理違反が行われており、後に小川さんはこれが医療ミスだった可能性があることを知ったが、大学はこれを隠して同じ療法を続けようとしたという。

「人の命を実験動物以下に扱うのはすぐにやめさせなければ」

放っておけば、第二、第三の死亡事故が起きてしまうだろう。小川さんは厚生労働省に医療ミスの可能性を通報した。ところが通報を受けた担当者は、大学の研究責任者に事実確認のメールを送る際、小川さんの実名を書き記していたため、通報は大学側の知るところとなった。

厚労省の担当者は大学側に実名を漏らした理由を問い詰められ、「刑法に関する内容であり、厚労省は処分・勧告を行う権限がなく、公益通報に該当しない」と言い繕った。しかし公益通報者保護法には個人情報の徹底した保護を求める規定がある。別の事件で弁護士がうっかり同様のミスを犯したケースでは、弁護士が懲戒処分を受けたほど、これは重大な失策である。

もしも小川氏が通報先として「権限のない厚労省」を選んだのが間違いであるなら、お役所仕事らしく〝他省庁へのたらいまわし〟をすればよく、通報者の秘密を暴露しておいて「権限がない」というのは逃げ口上にすらなっていない。公益通報者保護法では「誤って通報を受けた行政機関が処分等の権限を有する行政機関を教示する義務」を負っているのだ。

小川氏がこの失策の責任を厚労省の担当者に問うた際の模様はICレコーダーで記録されており、そこには前述した苦し紛れの言い訳が残っている。本来、官公庁や公務員は法律のプロであるはずだが、同様の事例は多くみられ、霞が関の中央官庁にあってもまだまだ認識不足の状態なのだ。

公益通報者保護法は通報者に冷たく立ちはだかる壁になってしまっていると言わざるを得ないが、内部告発の現状から見ると別の問題を誘発しており、これは法律の建て付けを考える段階で経団連や行政が犯した大きな判断ミスだったろう。官公庁に通報しても通報者は保護されないばかりか、その個人情報さえ秘匿《ひとく》されないため、〝手順を無視することで法律の保護の対象にならなくとも、身元が発覚してしまうのを避けるためには、最初からマスコミにこっそり通報したほうが安全〟と考えるケースが多くなっているからだ。言葉は悪くなってしまうが、現行の公益通報者保護法は〝脱法通報〟を促す役割を果たしていると言わざるを得ない。

通報される問題の中身にもよるだろうが、マスコミが通報内容を大々的に報じれば、企業や官公庁などが自主的に公表するよりも問題が大きくなってしまったり、こじれてしまったりする恐れは格段に大きくなる。マスコミは「まだ何か隠しているのではないか」と疑いつつ取材を継続するため、騒動が収束しにくい。その結果がどういうものか、オリンパスや東芝の例を挙げれば多くの説明は要るまい。

日本では公益通報者保護法が施行されて一〇年が経ち、ようやく法改正の準備が始まった。政府は、公益通報者保護法の施行後五年を目途として、この法律の施行の状況について検討を加え、その結果に基づいて必要な措置を講ずるものとするとしていたが、法改正は手つかずのまま放置されていた。経済界から「改正すべき事情を考えるうえで、基礎情報を集めるべきだ」との声が上がり、見直しはうやむやになっていたのだ。制定時にも経団連の強い反対があったと書いたが、改正にも抵抗しているのだ。

公益通報者保護法は経営団体が骨抜きにしてしまった法律で、経済団体の主要ポストに社長経験者らを送り続けている東芝の粉飾決算が内部告発で暴かれたのは皮肉を通り越して性質《たち》の悪い冗談というよりほかない。

経済界の顔色をうかがう消費者庁

消費者庁が二〇一五年六月に立ち上げた「公益通報者保護制度の実効性の向上に関する検討会」は、公益通報者保護法改正に向けて各界の意見を集約する有識者会議である。二〇一六年一月までに重ねた議論から得られた論点を読むと、公益通報者保護法について知識を持たない人が読んでも、法律の全体像と問題点がおぼろげに把握できる。と同時に弁護士が「要件ばかり厳しい」と嘆くほど欠陥が多いことにも納得がいく。

以下に論点をかいつまんでまとめてみる。

・現行法では公益通報したことを理由として、通報者の不利益な取り扱いを禁じているが、罰則規定がないために実際には報復的な取り扱いが散見される。刑事罰等を導入すべきかどうか。

・現行法では保護の対象を通報時に労働者である者に限っており、役員や取引事業者、退職者などが含まれていない。労働者と役員・取引事業者などの間に保護内容の差を設けることに理由はなく、その扱いをどうすべきか。

・現行法では通報対象事実を、国民の生命、身体、財産その他の利益保護に限定しているが、「国民生活の発展や社会経済の健全な発展」を目標とした法律であることを考慮して、対象事実の範囲を広げるべきではないか。また、通報対象事実となる法律を各個列挙する方式をとっているが、その法律は四五〇に及んでおり、どの法律に違反するのかを判断するのは通報者にとって難しく、これをどうするか。

・現行法では通報事実が〝切迫した状況〟であることを告発者保護の要件としているが、告発者と告発される事業者側とでその認識にずれが生じることがあり、切迫性の要件をどうするか。

・内部告発者が勤め先の事業者に通報する場合と、行政機関に通報する場合とでは、後者の方が要件が厳格になっており、通報を萎縮させてしまう。また報道機関などへ通報する場合にも保護の要件が複雑でわかりにくく、同様の問題を抱えており、これらをどうするか。

・報道機関などに通報する場合の要件が厳格過ぎるとの指摘があり、これを緩和すべきかどうか。

・通報者が処分権限のない行政機関に誤って通報した場合、保護の対象になるかどうか明確ではない。これを保護の対象として法律で明確に定めるかどうか。

・通報によって不正が改められた場合、通報者の職場などへ情報がフィードバックされるのが望ましいが、現行法にはそうした規定がなく、これをどうすべきか。

実に多くの問題点が挙げられているが、これらの多くは①通報内容や通報者保護のハードルが高過ぎること、②公益通報を理由とした不利益な取り扱い――の二点に関係していると見ていい。論点整理はすでに済んでいるのだ。

しかし抜本的な改正になる見込みがあるかどうか、内部通報に詳しい弁護士たちに尋ねると一様に表情を曇らせる。同法を所管する消費者庁は、「（経済界を含めた）コンセンサスが重要」と言い始め、経済界の顔色をうかがい始めているという。本当に使い勝手のよい法律への改正は遠のいたと見てよさそうだ。

内部告発者に必要な条件

ここまで内部告発は軽はずみな気持ちでするべきではないことを、繰り返し書いてきた。

しかし、どうしても告発しなければならない状況に立ち至った時は、自分の身に降りかかるリスクをできるだけ小さくしつつ、告発を成功させなければならない。

では、どういった手段を採ればいいのか。あなたがどういう条件を満たしておいたほうがいいのか、考えてみよう。

もしもあなたが内部告発を敢行するのなら、できれば満たしておいたほうがいい条件がある。それは、①あなた自身が優秀な人材で、精神的に会社から自立していること、②我慢強い性格であること、③組織の内外に味方になってくれる人物が何人かいること――の三点である。

まず①の「あなた自身が優秀な人材で、精神的に会社から自立していること」について考えてみよう。内部告発者が例外なく考えるのは、「内部告発に踏み切ったら、その後自分の処遇はどうなるのか」である。最悪の場合、名誉毀損や守秘義務違反などで訴訟を起こされ、会社を去ることになる。そのときに他のどんな会社でも通用する人材であれば、次の職場を見つけられるかもしれないし、自分で起業することもできるだろうから、クビになるのはさほど怖いことではない。あなたが優秀な人材であることは、経済的なリスクを負うだけの余力に直結するのだ。

仕事の面で力量が備わっていれば、精神的に会社から自立しやすくなる。精神的に自立しているということは、「卑屈なサラリーマン根性」から自由でいることである。能力的にも精神的にも恋々《れんれん》と会社にしがみつくしかない人材の場合、そもそも内部告発して会社に逆らうことなど考えもしないだろう。

②の「我慢強い性格」は、どう捉えるべきか少々難しい。我慢強さは内部告発を経験した人々に共通した要素だ。会社の中で公然と内部告発して闘わなければならない場合、当然ながら辛いことが多いうえ、裁判になれば何年にも及ぶ長い闘いを強いられることを覚悟しなければならない。しかし、その結果、家族に負担をかけてしまうことも多いだけに、我慢強さが仇《あだ》になってしまうこともある。

報復人事訴訟を起こして一〇年越しの争いを続けていた、オリンパス社員の濱田正晴さんは「(精神的にも経済的にも)妻の方が参ってしまった」と打ち明けるほどだ。濱田さんは公益通報をテーマにした講演会で話をする機会が多いせいか軽妙でざっくばらんな話術で人を笑わせるのが上手だが、家族の負担の大きさには表情を曇らせる。

内部告発者に必要な条件を挙げてみたが、内部告発をしなければならない場面は、誰の身にも降りかかる可能性があるものだ。そうである以上、内部告発はみんなのものであり、優秀な人物だけの特権ではない。ごく普通の人々が内部告発しなければならなくなったとき、「あなたが優秀で、精神的に自立していること」「我慢強いこと」よりも大切になってくるのが三番目の条件――組織の内外に味方になってくれる人物が何人かいること――だ。

これまでも書いたように、内部告発は孤独な闘いを強いられることが多く、ほんの数人の味方がいるだけで結果が大きく左右されるのだ。そればかりか、結果が出るまでの期間が短くなったり、裁判を経ずして結果が出たりするから、味方の有無は最も重要なポイントになる。ここでいう味方とは単なる支援者を指すわけではない。

内部告発はそれが法廷での争いになるまでは告発者vs.企業の情報戦そのものであるため、告発者にとって重要な情報を持って共闘してくれる同調者の存在が不可欠だ。情報を持たない支援者ばかりが大勢集まっても（心の支えにはなってくれるだろうが）、闘いを有利に進めることはできない。実名を明かして表立って共闘してくれなくてもいい。企業の不正を裏付けるような情報を提供してくれる同調者が組織内にほんの数名でもいてくれるほうが、戦況を優位にもっていくことができるのだ。「同調者」と「支援者」は別物なのである。

内部告発状と怪文書の違い

筆者が日本経済新聞の記者だった頃、若手記者たちは毎夜交替で記者クラブを離れて大手町の本社に行き、翌日朝刊の編集雑務を手伝うことになっていた。筆者も若手記者だった頃、そこに駆り出されたものだ。社の内外からかかってくる電話の応対をしたり、刷り上がった校正刷りを各デスクに配布してそれを自分でもチェックしたりで、あまり楽しい仕事ではなかったけれど、ひとつだけ興味をかきたてられたのは「タレコミ帳」をのぞき見ることだった。所属していた証券部の本社デスク席にはタレコミ帳と銘打たれたファイルが置かれており、そこには読者から寄せられた情報提供の封書やはがきが綴《と》じられていたのだ。怪しげだけど、面白そうなにおいがいつもプンプン漂っていた。

そこに寄せられた情報はすべて匿名のもので、どれも真偽不明のものばかりだった。早い話が、思わせぶりな怪文書である。怪文書と内部告発状の違いは紙一重で、線引きが難しい。当然のことながら、情報を扱うのが商売のマスメディアは、告発状には割と真剣に向き合うが、怪文書はまともに取り合わない。告発状と怪文書を見分けるうえで頼りになるのは、自分の嗅覚だけだ。勘と言ってもいいだろう。

内部告発を考えている者は、怪文書ではなく告発状を書かねばならない。言い換えると、マスメディアに告発しようとする者は、怪文書と告発状の違いを理解して書かないと、せっかくの告発が空振りになる。両者の違いは説得力の違いである。情報のプロを信じさせ、動かすのは説得力なのだ。

筆者の許には雑誌社などを経由して、筆者を指名した告発状が舞い込んでくることがある。場合によっては人を介して海外から届けられることさえある。それらの多くは、以下に記したように弁護士が書いた詰将棋のような告発状ではない。

もちろん内部告発は、告発状の作成さえ弁護士に依頼できるほど経済的に余裕のある特定少数の人たちが独占すべきものではない。むしろその逆であろう。これまで誰も声を上げられなかった問題について警笛を鳴らそうとする人たちみんなのものだ。

ここでは我われ一般人にも手の届く内部告発状の書き方を考えてみよう。内部告発状に決まったスタイルはない。まず問題点を整理する。

せっかく内部告発状を書いても、単なる怪文書として無視されてしまっては何の意味もない。内部告発状と怪文書を分ける大きなポイントは、証拠資料が添付されているかいないかであろう。社外に公開されていない内部文書が添付されていれば、その信憑性は格段に上がる。筆者がオリンパスの損失隠し事件をスクープした際には「極秘」と印が押された内部資料を大量に提供してもらえるという幸運に恵まれた。もしもあなたが証拠資料を添付した告発状を送ってもマスメディアが動いてくれないのなら、さっさと見切りをつけて別のマスメディアを選び直した方がいい。健康や命、財産が危機に瀕していながら、そのことに気づいていない人たちがそれを待っているのだから。

ストーリー性を持たせる

では、内部告発者がまとめた〝告発状の実物〟を見たことがあるだろうか。

内部告発者は多くの場合、会社のあり方に憤りや不満を持ちながら、それが受け入れてもらえない孤独さを抱えている。そうした感情が告発状の文面に迸《ほとばし》ると、どうしても主観が多く混じってしまい、これを受け取る企業や監督官庁、マスコミはかえって腰が引けてしまうことがある。余りにも主観や感情を強く打ち出すと、客観性は引っ込まざるを得ない。告発状を受け取って調査する側としては「どこまで信じていいのかな」と慎重になってしまうのだ。ここでは告発状の実物を参考にしながら、どう書けばいいのかを紹介したい。

やはり重要なのは、

①要点が客観的で簡潔にまとまっていること。
②問題に違法性がある場合は、具体的にどの部分がどの法律に違反するのかをはっきりさせること。
③関係者しか知りえないエピソードや事実をまじえて書くこと。

④第三者が問題点を理解しやすいように、不正が起きたストーリーを書くこと。

――といった点であろう。

特に③と④は告発状の内容を客観的に把握しやすくすると同時に、信憑性を持たせ、問題を鮮やかにえぐるうえで意外に重要だ。実はストーリー性を持たせることの重要さは、多くの弁護士が指摘するポイントでもある。ここでいうストーリーとは、問題が発生した経緯のみを指すわけではないだろう。問題が発生した直接の理由に加えて、背景として企業風土や歴史的経緯を指摘し、それを会社の誰がどのように処理しようとしたのか、それにはどんな障害があってそれを断念したのか――などを簡潔にまとめることを意味する。そうすることで第三者が事件の経緯や問題点のありかを理解しやすくなるからだ。また、問題の重要度や優先順位、事態がどれだけ切迫しているのかが伝わりやすくなる。

しかしストーリー性を持たせた完璧な告発状を書くのは難しいかもしれない。問題の全体像が見えていなければストーリー性を持たせることは不可能だからだ。ストーリー性を持たせることについては心構えとして意識すればいいだろう。長々とした告発状を書く必要はない。

告発状の実例

以上を踏まえて、告発状にどんな工夫を盛り込めばいいのか、具体的に紹介していこう。あなたが勤めている会社（上場企業）が企業としての実態を失っていき、投資家から集めた資金やグループ企業から吸い上げた不明朗な資金を経営トップがポケットに入れているのを知ったら、あなたはどうするだろうか。おまけに有価証券報告書や株価形成に大きな影響を及ぼす開示内容にウソが書かれていたら……。

二〇一四年五月、ゴールデンウィークでのんびりモードに浸っていた私の携帯電話が鳴った。着信画面を見ると、仕事で知り合った人物からだった。話を聞いてみると「ある上場企業の社長の専横ぶりがひどい。情報を提供するから、記事を書いてもらえないか」とのことだった。どうやら内部告発者は別にいて、この知人は情報伝達のパイプ役を買って出てくれたようだ。

連休が明けて情報提供者と新宿区内の喫茶店で落ち合った。話を聞いてみると、問題の上場企業とは、私もよく知っている投資会社だった。社長が社長としての役員報酬に加えて子会社から経営指導料や顧問料、家賃の形で恣意的に資金を吸い上げ、会社が保有する高級マンションなどを私物化しているという。

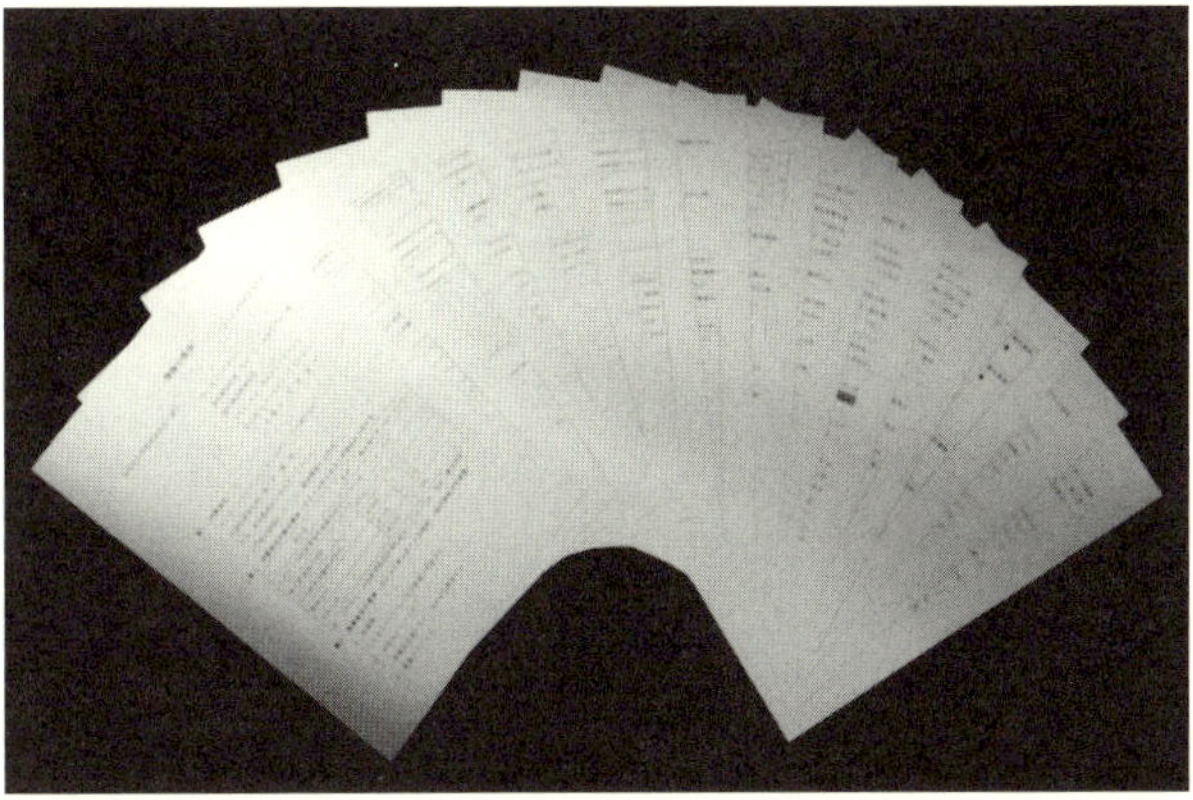

著者が入手した告発状のコピー

話はそれだけにとどまらない。上場企業として厳正さが求められる情報開示がでたらめで、投資家から集めた資金は本来の投資に充てられておらず、それらを証拠立てる内部資料もあるという。人の耳がある喫茶店内では大きな声で話すわけにいかない内容ばかりだった。私はつい身を乗り出して話を聞いた。

さらに後日、証券取引等監視委員会に送付された告発状の写しを入手できた。そこには会社を私物化する手口が列挙されており、「不正の教科書」のような内容だった。正直なところ、それを読んだことで筆者は随分と勉強になったほどだったが、詳しい内容については後に譲らなければならない。

この事件には複数の内部告発者がいたらしく、東京証券取引所や警察に告発状を送った人物もいたらしい。資料をもとに記事を書くと、さっそく読者を名乗る匿名の複数の人物から雑誌社の編集部にメールが届いた。経営者が放恣《ほうし》を極めたことで投資会社の中身はすでに救いようがないほど荒れ果てており、しかも会計事務所を経由する形で不明朗な資金流出があったことも明らかになった。

こうした投書や情報提供には何らかの裏があり、したたかな計算が働いていることは容易に察せられたが、そうした情報提供に乗ることにした。投資会社はこれまでにもいろいろな問題を起こしており、野放しにすることで生じる弊害は株式市場全体の質に関わるからだ。

それればかりではない。問題の社長は地元の複数の個人投資家から最低でも五〇〇〇万円を出資させており、一〇〇〇万円から二〇〇〇万円を出している個人がほとんどだった。しかしこうした個人投資家たちに直接会って話を聞いてみると、その多くは投資会社の経営の実態を何一つ知らずにいたのだ。

以下に挙げるのは、この投資会社関係者による内部告発と、その告発状である。一般の人々が同じレベルのものを書くのは難しいとしても、一定の参考にはなるだろう。

表紙には「情報の提供」とのややマイルドな表題が掲げられているが、内容は紛れもなく告発状だ。東証二部市場に上場している投資会社の社長が会社の資産を私物化したり、不明朗な顧問料を流出させているうえ、この会社には有価証券報告書に虚偽記載があることはすでに触れた。それらを手際よく整理して、二〇一四年六月に関係者が証券取引等監視委員会に送ったものである。別の関係者によると、同じ内容の文書が東京証券取引所などにも送られたそうだ。筆者が入手したのはA4サイズの紙で一〇枚余りの本編だけだが、証拠となる補足資料はかなりの量が添付されていたはずだ。

その告発文は主観を削ぎ落とし、義憤さえもきれいに濾過《ろか》した淡々とした筆致で、多くの内部告発者が持っているはずの情念が伝わりにくいほどだ。そのため筆者のような素人にはこの告発内容の深刻さがかえって伝わりにくく、正直なところこれを受け取った当初は読みながらちょっと退屈してしまった。

しかしよくよく読んでみると、無駄のない文章でありながら、隅々まで細やかな配慮が行き届いた書き方になっていることに気づくはずだ。告発される社長がこれを読んだら、自分の急所だけを正確に射抜かれるような凄味や恐ろしさを感じたに違いない。なにしろ疑惑の社長の不行状をひとつずつびしびしと指摘しつつ、逃げ道を塞ぐかのように多くの証拠資料が添付されており、下手な言い訳や小細工は通じない。まるで詰将棋の棋譜《きふ》のような内容なのだ。淡々としていて、無駄がない。

しかもこの会社の顧問には国会議員の二人の名も連なっているが、「顧問としての成果物の提供がない」ことも記されている。マスコミの関心を引くために裏付けのないことを書き連ねたり、針小棒大に書き散らかしたりしているわけではない。筆者が確認を取ったところ一人の国会議員は顧問料として現金を受け取ったことを認め、もう一人についても議員の個人会社が現金を受け取っていたことが有価証券報告書に記載されていた（ただし、それが誰の会社であるのかはわからないような記載の仕方だった）。

最初に注目すべきは、告発状の表紙に書かれた差出人が、都内に事務所を構える弁護士となっている点だろう。さらりと読み飛ばしてしまいそうになるが、弁護士の名前になっているのは、内部告発者の特定を避けるための工夫であるに違いない。内部告発者はしばしば実名で告発するか、名前も連絡先も伏せて告発するかで思い悩むものだが、これなら匿名同然だ。しかも弁護士の名前で告発状を送っている以上、程度の低い怪文書として送付先に無視される心配は小さい。もちろん弁護士には守秘義務があるから、告発者の正体が発覚することもないだろう。弁護士に依頼する費用は負担しなければならないが、不安な点があれば弁護士が相談相手になってくれるという利点もある。

内部通報窓口として弁護士事務所と契約している会社もあるが、そうした窓口がない場合や、通報しても会社に握り潰されてしまう恐れがある場合（たとえば経営トップが不正に関わっているケース）などにはかなり有効な手段だろう。

告発状を送った先の監督官庁が、問題企業に内部告発者の実名や告発内容を明かしてしまって問題になることもしばしばあるが、このやり方ならそうした懸念もなくなる。

事務的で淡々とした筆致

では、告発状の構成がどうなっているか、みてみよう。告発状は大きく七つの項目からなっている。具体的には以下の通りだ（カッコ内は筆者の注釈）。なお、すべての項目には詳細な資料が添付されている。

①対象会社（問題企業の社名や代表者名、本店所在地を特定し、他社と混同されることがないように詳細が記載されている）
②対象会社の株主構成（不正には投資ファンドも関与していることから、その所在地や議決権比率などが記されている）
③対象会社の業務（業務内容や範囲について、有価証券報告書や商業登記に準じて記されている）
④対象会社関係会社の状況（不正な顧問料や家賃料などを支出させているグループ企業があるため、これも一覧表にして記載されている）

⑤対象会社で具体的に何が起きたのか
⑥大株主になっている投資ファンドの概要
⑦有価証券報告書や適時開示資料の虚偽記載

「会社の概要と不審な点について並べてあるだけで、ごく当たり前の内容ではないか」「どこに凄みを感じるのかわからない」——。読者のこんな声が聞こえてきそうだ。

そうではない。①～④にかけては、この会社の不審な点がどこに隠れているのかをわかりやすくするために、必要不可欠な部分をかいつまんでクローズアップする書き方になっており、たとえば会社の所在地や社長の氏名、グループ会社の一覧表や株主構成といった基礎情報が並べられている。筆者が舌を巻いたのは、書く必要がないほど回りくどい説明に見えて、それが後になって生きてくるように整理が行き届いている点だ。会社の沿革も同様で、有価証券報告書に記載されているような「いつ創業したか」「いつ上場したか」「いつ別の会社と合併したか」といった社史が何の工夫もなく書き連ねられているのではなく、前述した社長の経歴と会社の沿革、資金調達の時期などをリンクさせた書き方になっているから、法律上の問題点を把握しやすくなっている。

⑤では社内でどんな不正が行われているのかを極めて具体的に指摘し、どの法律に抵触

するのかが指摘してある。⑥では見落としがちな問題点や、外部からはうかがい知れない問題点がどこに潜んでいるかを指摘しつつ、開示されていない詳細な情報を暴いて「ここ掘れ、ワンワン」と導いているのだ。そして以上を踏まえたうえで、⑦ではいつ発表された有価証券報告書や適時開示資料のどの箇所に虚偽の内容が記載されているのか、「本当は○○億円なのに、××億円とのウソが書かれている」といった具合に手取り足取り説明を加えて結ばれている。しかもこれらの項目には補足説明のための内部資料や開示資料が、いちいちツボを押さえるように添付されているのだ。

告発内容も箇条書きになっていて、当然のことながら問題点を把握しやすい。

事務的で淡々とした筆致になっているのも、恐らく内部告発者の意図や情報を汲み取って、弁護士が作成したからであろう。文章のタッチが他の一般的な訴状や調書によく似ている。

川上と川下からの挟撃

この告発状を入手できたことで、筆者は月刊誌ファクタに追撃記事を書いたところ、今度はこれに呼応した複数の内部告発者から編集部宛てに内部資料が寄せられた（余談になるが、内部告発が増えているという時代背景があるせいか、記事を書くとこうした告発状があちこちから送られてくることが多くなった）。この投資会社が発行した新株予約権は投資ファンドの間で譲渡されていたが、実はすでに解散してしまったはずのファンドが譲渡していたという内容だった。存在していないはずのファンドが新株予約権を譲渡するのは、死んでしまった人間から電話がかかってくるようなもので、事実関係としておかしい。筆者はそうした矛盾をさらに記事に書き、投資会社は記事を読んだ監督官庁や東証からさらに事情説明を求められ、社長は進退窮《きわ》まった。

筆者がため息をつきたくなるほどこの内部告発者が巧みだったのは、告発状作りを専門家に任せたことばかりではなかった。

この投資会社社長は自分の出身地の個人投資家から出資を募っており、彼らに経営実態をほとんど知らせていなかったことは先に述べたとおりだ。実はこの内部告発者はこれらの個人投資家一人ひとりに告発状を郵送し、いかに杜撰な経営が行われているかを事細かに知らせていたのだ。手紙を読んで不安に思った個人投資家の中には、説明を求めて社長の実家に押し掛けた者もいたという。

つまり告発状の送付先である取引所や監督官庁を川上とすると、個人投資家は川下と言えるだろう。告発者は川上と川下の両側から挟撃を仕掛けたのだった。別のいい方をすると、告発状を戦術とすれば、挟撃を仕掛けたのは戦略だった。「戦術があって、戦略がない」などと揶揄されるパターンとは程遠い攻め口であり、執拗かつ周到な闘いぶりとしか言いようがない。しかも筆者らメディア関係者が逐一内部情報の提供を受けているから、投資会社側が隠蔽工作をしていないかどうか、すべて上空から監視されているようなものだった。

監督官庁などから事情の詳細な説明を求められ（告発状の送付先は証券取引等監視委員会と警察、東京証券取引所だったが、有価証券報告書の提出窓口となっている財務局も正確な開示を求めて動かざるを得なくなったそうだ）、動揺した個人投資家から突き上げを食らい、さらにはその無軌道ぶりを雑誌でも叩かれたこの会社の社長は、一身上の都合で退任した。

もちろんきちんとした証拠を揃えることがすべての土台になるのは言うまでもないが、内部告発を考えている人たちにとって、こうした戦術と戦略を自分のケースにどのように当てはめればいいのか、考えてみる必要があるだろう。

また、内部告発を受けて記事を書いた後、これに同調した複数の人物から次々に情報提供の郵便物が編集部に届けられた。情報量が増えるとともに、様々な角度から寄せられたことで精度も上がっていったのである。すでに述べたように、社内に同調者がいることが不正を暴くうえでどれほど大事か評価しきれない。

大事なことも付け加えておこう。内部告発者はその後、どうなったか。

中心になった内部告発者は以前から社内で公然と問題を指摘していたそうで、投資会社側は最初からその正体を把握していた。筆者がこの問題を雑誌に書いたところ、この人物は譴慎処分となったが、後に処分を解かれて円満な形で退社することになった。すでに会社に対して未練はなかったらしく、退社に抵抗はなかったようだ。

内部告発はスピード重視で

この投資会社のケースから得られる、もう一つの重要な教訓は「内部告発はスピード重視で行うべし」である。内部告発は徹底した情報戦に持ち込むか、法廷での争いにもつれ込むかによって、その成否や内部告発者の負担はまるで異なる。

右に挙げた投資会社のケースでも、内部告発者たちは監督官庁など複数箇所に同時に告発状を送ったことで、投資会社とその社長はあっという間に逃げ道を塞がれた。当然、法廷での闘争に移行することさえないまま、半年ほどで決着したのである。

オリンパスの場合も同様だった。損失隠し事件は次々に現れる内部告発者の情報が雑誌に掲載され、法廷でオリンパスと内部告発者・筆者が記事の内容が真実であるかどうかを争う前に決着した。筆者が最初にオリンパスの会計処理に問題点が多いことを記事にしてから、オリンパスがそれを認めるまで半年足らずである。これが裁判にもつれるようなことになれば、判決が確定するまで数年かかったであろう。

オリンパス事件が世界の耳目を集める国際的なスキャンダルに発展したのは、問題の悪質さもさることながら、同社の社長を解任されたマイケル・ウッドフォード氏が欧米の主要メディアを味方につける情報戦に持ち込んだことが大きい。

ウッドフォード氏もまた、スピード重視の戦法をとった。解任された直後に日本国内で英フィナンシャル・タイムズの記者と落ち合って「オリンパスでとんでもないことが起きている」と告げた後、英国に帰朝すると朝から晩まで食事の時間も惜しんで、連日主要メディアの記者の取材要請に応じて情報を提供し続けた。一日に一〇件の取材に応じることもあったそうだ。一件当たり一時間を割いたとして、一〇時間。インタビューの途中で次の新聞社やテレビ局がやって来て別室で控えている状態が一日中続き、「トイレ休憩をとるのがやっと」というほど忙しかったそうだ。

しかしその効果は絶大だった。新聞やテレビ、雑誌が連日のように問題を大きく報じ、オリンパスの当時の経営陣はあっという間にメディアに包囲され、監視下に置かれるようになった。コンプライアンス上の問題を意識せざるを得なくなった金融機関（特に海外の金融機関）はオリンパスと距離を置こうとし始め、取引先も「何が起きているのか、説明しろ」と要求し始めた。こうなると日々の事業活動への影響を避けられなくなってしまう。

こうして法廷での争いにもつれ込む暇もなく、情報戦（つまり法廷での争いの前段階）の段階でオリンパスは手足を絡め取られて敗れたのだ。スピード重視の戦法がもたらした結果である。

これが日本人だったら「まずは様子を見よう」「マスコミの一社に打ち明けて報じてもらい、会社がどう反応するか見極めよう」と考えたに違いない。ウッドフォード氏がそのような時間のかかる戦法をとっていたら、オリンパス事件はまるで違った展開になったのではないか。

早い段階からマスメディアの力を活用できなかった、あるいは活用しなかったケースでは泥沼の裁判にもつれてしまい、告発内容が真実であるかがはっきりするまでにも長い時間がかかることが多い。

不正が改められさえすれば告発者自身が満足するのであれば、社内の同調者数名と足並みをそろえてマスメディアに情報を提供し、不正が改められれば告発の目的は達したことになる。しかし不正に非を鳴らした結果、左遷されたり解雇されたりする人もいるだろう。告発者が元の地位を回復することを目的とする場合、多くの場合、彼らは法廷で会社と争わねばならず、問題のすべてが解決するまでには長い時間が必要になってしまう。最近は内部告発したことで解雇された社員を労働組合が長期にわたって支援する場合も少なくないが、問題に区切りをつけて人生の次のステップを踏み出すまでに何年もかかるのは考えものだ。

スピード重視の戦略をとることには、もうひとつ大きな意味がある。関係者以外は誰も知らない事実を「公知の事実」に一気に引っ張り上げることだ。公知の事実とは、世間の多くの人々の知っていることが争いのない事実、証明する必要がない事実であるものを言う。たとえば、「○○選手はオリンピックの柔道で金メダルを取った」「○○教授はノーベル物理学賞を授与された」「○○高校は高校野球の夏の大会で全国優勝した」——といったような多くの人が知っていることがらだ。全国紙で報じられれば、公知の事実として認められる公算は大きくなる。

不正の存在が「公知の事実」として認められるような状態になれば、名誉毀損などに問われるリスクは低減でき、その分だけ有利にことを運べるのだ。

相手が上場企業の場合、株価動向への目配りも忘れてはならない。株価の下落とスピード感を持った内部告発は相乗効果を表しやすいからだ。株価が急落するようだと株主が黙っていられなくなるためで、場合によってはその企業の資金調達に影響が及ぶこともある。首尾よく資金調達できるかどうかはその企業の将来を左右するから、経営陣が平時以上に株価を意識しなければならない状況を作るのがよいだろう。オリンパスの場合、コンプライアンス上の問題を理由に機関投資家が株式を売り、二五〇〇円前後だった株価が一気に五〇〇円足らずにまでつるべ落としになったことで、逃げも隠れもできなくなったのだ。機関投資家はコンプライアンス上の問題を抱える企業の株式を持たないよう、内規で定めているところが多いのだ。

また株主総会が間近に迫ったタイミングで告発すれば、株価下落によって株主総会の緊張感が高まり、不正にまつわる質問が飛び出す公算が大きくなる。株主総会で経営陣に対して直接浴びせられる質問は、不正を抱えている企業にとって煙たいものだ。告発者本人が質問しにくいのであれば、知人に頼むなどして一時的に株主になってもらい、不正に関する質問をぶつけてもらうのもいいかもしれない。上場企業の不正を追及するうえで、株価や株主総会をテコにスピードを重視した攻め方を意識すべきだろう。

現場は美談ばかりではない

内部告発なんて得よりも損の方が大きくて、誰だってやりたくはないことのはずだ。しかし人の一生にはすべてを投げ打ってでも闘わなければならない場面があるし、そうした場面に今直面している人も大勢いるだろう。そうした人たちにとって道標になればいいと思って書いてきた。筆者は本を書き上げる爽快感のないまま筆を擱《お》かねばならない。

なぜ爽快感がないのか。

それは組織内の人間が仕事仲間や、生活上の寄る辺である会社を訴えるという究極の葛藤や矛盾、相克を書きながら、人間を描ききれないからだ。筆者は内部告発者たちを間近に見てきた分、人間の狡さも嗅ぎ取っているつもりだ。しかしそれを書くことは、ただでさえ傷を負っている内部告発者を無用に傷つけることになるのではないかという迷いが生じる。何よりも、それを具体的に書くことは、内部告発者がどんな人物であるのか、容易に推測できてしまうところまで踏み込むことになる。しかしそれでは本書の趣旨からは外れてしまうし、内部告発者たちを萎縮させてしまうばかりだろう。

それでも正直に言うと、筆者が数々の内部告発に接して感じるのは、「内部告発はまっすぐな正義感だけで行われるとは限らないし、その裏側では美化してばかりもいられない現実も嫌というほどある」ということだ。

内部告発をテーマに取材を進めていくには、内部告発者という個人を取材対象にすることになる。どうしても近い距離で低い目線からの取材を中心にしなければならない。この本を書くうえでも、それを常に心がけてきた。しかしそうした執筆スタンスに迷いがないわけではない。人間を見詰める以上、正直さや生真面目さの後ろにちらつく弱さや狡さにまで踏み込んで書かなければ公平とは言えないからだ。

実際に筆者が受け取った内部告発状の中には、告発者の吐く息の臭さまでが伝わってきそうなものもあった。しかし「それに目をつむってでも改善しなければならない不正があるのも事実だ」と自分を納得させながら書いてきた。

話が脱線するようだが、「老人介護の現場に美談はない」と言われるそうだ。要介護の老人を巡っては「誰が面倒をみるのか」「その経済的な負担は誰に回されるのか」「面倒をみた人が遺産を多く相続できるのか」といった現実的な問題が血を分けた肉親の間に生じる。そしてそこには常に見苦しいほどの打算や愛憎が絡み合う。

これと同じで、内部告発の現場も美談ばかりではない。

告発される側には、告発する側のドロドロとした感情や私欲、計算高さが実際以上に大きく見えやすいから、余計に「石もて追え」とばかりに彼らを攻撃する。これに対する内部告発者たちの反撃には力が籠りやすくなる。先に挙げた老人介護の問題と同じで、「骨肉」の争いはもつれやすく、激しくなりやすいのだ。

内部告発をもとに記事を書くことが増えた筆者も、「内部告発者の野心や下心、企みに踊らされているのではないか」と迷いながら裏付け取材をすることがしばしばである。実りなき野心に身を焦がして内部告発に踏み切った人もいた。自分を鞭打った人たちへの復讐心に燃えて監督官庁や捜査機関に告発した人もいた。純粋に他者への思いやりから不正を正そうと内部告発に乗り出す人は、ごく少数なのかもしれない。あるいは当初は純粋な気持ちで不正を正そうとしたのかもしれないが、会社組織内でのけ者にされるうちに感情的になり、いつしかそうした怒りや恨みといったマイナスの感情の虜になっていくのだろうか。

実を言うと筆者自身、多くの内部告発者に接してみて、彼らの考えについていけなくなったこともある。内部告発者と行動を共にしているうちに、告発の本来の目的が霞んでしまい、彼らにも見えなくなっているように思えたのだ。

「正義」という言葉に疑問を感じたりもした。「あなたの告発は〝大義〟でやっていることなのか、それとも偏狭な〝正義〟でやっていることなのか」と、内部告発者と意見が激しくぶつかったことも一度や二度ではない。

正義という言葉を広辞苑で調べると、「正しいすじみち。人の行うべき正しい道義」と説いている。よく似た言葉である「大義」については「人のふみ行うべき重大な義理。特に、君国に対して臣民のなすべき道」とある。特に大義という言葉を現代的な感覚で再解釈してみると「社会に対する市民のなすべき道」とでもなるだろうか。大義のほうがやや大所高所で使われる言葉のように思える。正義は小さいのだ。

正義を追い求めているうちに、大義や原点がどこにあるのかを見失っていないだろうか。

法律の区々たる条文に違反しているかどうかを暴いて正義を追求するよりも、大いなる義を求めるべきではないだろうか。内部告発者が偏狭な正義を振りかざして私憤を晴らすだけなら、やがて周囲は離れていき、告発者は組織の内外で孤立を深めるしかない。このポイントを忘れなければ、周囲の協力を得られ、内部告発は社会的にも大きな支持を得るに違いない。

II　オリンパス事件の真相

深町隆

1　なぜ粉飾決算に走ったか

組織は時に暴走する

オリンパス事件は二〇一一年一〇月に発覚した国際的な光学機器メーカー「オリンパス」による巨額粉飾決算事件である。粉飾額が一〇〇〇億円を超えるうえ、「飛ばし」という手法で損失隠しの期間が一〇年以上に及んだこと、さらに、英国人社長による告発という前例のない幕開けもあり、海外からも日本の企業社会のあり方を問う問題として大きな関心を集めた。

私はこの事件の第一通報者である。

事件が起きてから四年余、会社の中から世間を観察してきたが、陸続《りくぞく》として、企業や組織による不祥事が止むことはない。最近だけでも、東洋ゴム工業、タカタ、旭化成、東芝などがある。いずれの事件も発覚に至るまでに、内部告発が何らかの形で関わっている。

官民を問わず組織に身を置く者としての私たちは、組織を通じて自らを磨き、その能力を発揮して、社会の役に立ちたいという強い願望を持っている。また、組織によって私たちは給料を稼いで家族を養い、税金を払っている。組織は私たちの生活に欠かせない存在である。

しかし、組織は時には暴走し、個人やその家族、社会に取り返しのつかない被害をもたらすことがある。戦前における帝国陸海軍や、直近では、福島第一原発事故を起こした東京電力がその最たるものだろう。

集団生活に長けた日本人は、集団として活動するとき、比類ない力を発揮する。だが、組織が誤った方向に向かったときは、それを内部から是正するのは非常に難しい。「空気」が支配する日本の組織で、九九人が「これが正しい」と言っているときに、一人だけ「それは間違いだ」というのは、とても勇気のいることである。

私たちの意見が組織への不満に由来するものだとしたら、それならそれでよい。上司や同僚の不興を買うか、せいぜい、変人扱いされて終わるだけだ。しかし、万が一、私たちの意見に「真実」が含まれていたとしたら、どうだろうか。「神風は吹かない」という考えや、「この原発の非常電源には欠陥がある」という言葉に、真実が含まれていたとしたら。

内部通報は、戦後の日本社会が拠《よ》って立つ「言論の自由」に関わる極めて重要な仕組みだと私は考えている。少数者の意見を社会として積極的に汲み上げることで、組織に内在する不祥事や事故の芽をいち早く察知し、大事件や大事故に至る前に、対処するための手段である。

私が今回沈黙を破り、手記を公表する気になったのは、日本社会としてこの内部通報制度について理解を深め、充実させる必要があると強く感じたからだ。私の経験を伝えることで、内部通報とは遠い異国の出来事ではなく、組織人である私たちが日常的に直面する可能性の高い、極めて身近な問題であることを知ってもらいたいのである。

社会が関心を持つことによって制度の充実と活用を促し、私たちの社会をより透明性の高い、安全・安心なものにして、子供や孫の世代に引き継ぎたいとの思いがある。

私の働くオリンパスは、私の告発によって歴代三社長や周辺幹部に極秘裏に共有されていた「巨額の損失隠し」という暗部を白日の下にさらした。それにより社会が「おかしい」と気づき、経営陣の入れ替えや損失隠しに使われた不採算事業の清算、資本増強を可能とした。その結果、主力の医療用内視鏡が本来の成長力を取り戻し、業績や株価は過去最高を更新する勢いである。

副次効果として、日本企業のガバナンス（企業統治）を強化する方向で、会社法が改正されたり、監査基準が見直されたりした。内部通報に関する国民の関心が高まったこともよいことだった。

残念ながら、日本の内部通報制度は整備途上の段階だ。法による通報者の保護はまだまだ限定的で、「組織への裏切り者」として不利益扱いされる事例は後を絶たない。一人の少数者の「真実の意見」を、温かく見守りながら受け入れる社会にはなっていないのが現実だ。組織の巨大な壁を前に、立ち尽くしている組織人が、日本全国に数限りなくいるだろう。

しかし、自分の組織を改革し、社会をよりよいものにすることができるのは、ほかならぬ、少数者の私たちなのである。この手記が、そんなギリギリの選択を迫られている皆さんに、最初の一歩を踏み出す勇気を与えることができれば、それに勝る喜びはない。

オリンパスという会社

まず、オリンパスという会社について簡単に紹介したい。オリンパスは一九一九（大正八）年設立の国際的な光学・精密機器メーカーである。主要事業分野は消化器内視鏡に代表される医療事業、生物・光学顕微鏡や非破壊検査機器からなる科学事業、それに、デジタルカメラやICレコーダーの映像事業の三つである。二〇一五年三月期の連結売上高は七六四七億円、営業利益は九一〇億円。従業員数は三万一五四〇人。売上高の七三％を医療事業が占めるから、事実上、医療機器メーカーと言っても過言ではない。海外売上高比率は八六％に達する。

企業価値を示す時価総額は約一兆五〇〇〇億円。売上高では同じ精密セクターのリコーやセイコーエプソン、ニコンより小さいが、世界シェア七割の内視鏡事業を擁する医療事業が毎年一五〇〇億円のキャッシュフロー（現金収入）を生むので、株式市場での評価はこれらのライバルより高くなっている。

創業者の山下長《たけし》（一八八九－一九五九）は鹿児島県の出身。東京帝国大学法学部卒業後、弁護士、商社マンを経て、オリンパスの前身である高千穂製作所を立ち上げた。

創業の一九一九年は欧州で第一次世界大戦が終わってから一年後だ。近代戦が国家の総力を挙げた戦いであることを目の当たりにした当時の日本人は、日本が国際社会で生き残っていくためには、産業の基盤となる科学技術を振興しなければならないと確信した。しかし、医学や生物学の研究や工業製品の開発に必要となる光学顕微鏡にまともな国産品はなく、カール・ツァイスに代表されるドイツ製品に依存する状況が続いていた。山下はこの状況を憂い、徒手空拳《としゅくうけん》で国産の顕微鏡開発に乗り出し、一九二〇年に一号機を完成させた。

オリンパスはその後、一九三〇年代にカメラ、一九五〇年代に胃カメラと事業分野を拡大し、今に至っている。大正の創業以来、社風はあくまでも技術オリエンテッドであり、それを、強いものづくり力が支える典型的な日本企業と言える。

内視鏡やデジタル一眼ばかりが注目されるが、iPS細胞など近年のノーベル賞級の発見、発明に貢献した顕微鏡やトンネルや橋梁など社会インフラの検査に欠かせない非破壊検査機器もオリンパス製であることは特筆に値する。

人材のアンバランス

技術オリエンテッドの会社だけに、開発・製造には優秀な人材を擁し、年間の研究開発費も連結売上高の七％前後、金額にして七〇〇億円程度に達するなど、会社の規模の割には潤沢だ。東京・八王子市にある技術開発センターや福島県会津若松市や白河市、青森県黒石市の内視鏡関連工場は活況を呈している。

一方で、西新宿の本社ビル内の一四階、一五階にある経理、人事、総務などの本社管理部門の人材レベルは低い。

このアンバランスがオリンパスの大きな謎の一つである。

私が思うに、ものづくりの世界は、物理学や化学、生物学などの自然科学が相手である。自然界の法則に逆らっては、よい製品はできない。だから、開発や工場の人間は、皆、理詰めで物事を考える。

一方で経営管理は、社会科学の世界である。「正しい」ことや「真実」はその時々に経営に関わっている人間が決める。「何が正しいのか」ではなく、「誰が正しいのか」の世界だ。

オリンパスは残念ながら、二〇〇〇年以降、違法とされた「飛ばし」に走ったことで、「損失隠し」とその解消が経営の至上命題となってしまった。だから、違法と認識してそれに関わることを拒否する人間は、経営によって飛ばされるか、最初から採用されないようになった。その結果、本社管理部門には、その違法性を認識した上で（あえて耳を塞ぎ「気づかないふり」をする人間を含める）経営の指示に従う人間か、違法かどうかさえ認識できない人間しか残らなくなってしまった。

こうした人材は、「アメとムチ」で効率よく、経営の指示に従う。決して、自分の良心に従って行動することがないから、経営からするとても安全・安心な従業員である。これが本社管理部門の人材レベルが決定的に悪化した要因だと私は考えている。

「飛ばし」とは何か

オリンパスは元々、真面目な技術者が働く、堅実な会社であった。自分たちの技術力を用い、世間にはないものを創り出し、世の中の役に立つことに喜びを感じる集団であった。その社風を狂わせたのは、バブル経済だった。

一九八五年九月のプラザ合意で急激な円高が進むと、典型的な輸出企業であるオリンパスは、円高による収益悪化に直面した。当時の下山敏郎社長は、財務運用によって、本業の不振を補う方針に転換した。いわゆる「財テク」である。

技術一本やりの田舎会社だったので、もちろん、投資の専門家などは社内にいない。九〇年代にバブル経済が崩壊すると、あっという間に損失を膨らませた。その後、損失を取り戻そうと金融派生商品など、よりリスクの高い投資商品に手を出し、傷口を拡大させた。その含み損失は九六年頃には約八〇〇億円に膨らんだ。

オリンパスは、その間、含み損を表面化させないため、決算期末ごとに、金融商品を簿《ぼ》価《か》で他の国内企業に一時的に売却する「飛ばし」を実施し、しのいでいた。

「飛ばし」とは含み損の生じた金融商品を第三者に簿価で転売し、表面上は損失の計上を回避する経済行為である。わかりやすい例で説明しよう。

たとえば、Aさんが、奥さんに内緒で株式に一〇〇〇万円投資している。しかし、相場の低迷で不幸にも一〇〇万円に値下がりしてしまった。奥さんには怖くて言い出せない。そこで、知り合いのBさんにお願いして、保有している株式を簿価の一〇〇〇万円で買い取ってもらうことにした。

もちろん、Bさんがタダではこんな取引に応じることはない。資金の一〇〇〇万円はAさんが銀行に債務保証し、Bさんに借りてもらった。Bさんはそのお金でAさんから株式を買い取る。これによって、Aさんは表面上、含み損が消える。Aさんの含み損は銀行からの借金に変わった格好となる。

一方、Bさんはいつまでも含み損を抱えた株式を保有しておくわけにはいかない。そのため、Aさんは一定期間後にBさんに迷惑料を付けて、株式を買い戻す。その間に相場が回復しない限り、含み損は生じたままである。今度は、AさんはCさんという別の友人に頼み、Bさんと同様に含み損を抱えている株式を簿価で買い取ってもらった。

このように、含み損を抱えた金融商品を延々と飛ばし続けるから、「飛ばし」という名前がついている。

次期社長候補の突然の辞任

株式相場の下落で、オリンパスが「飛ばし」相手を国内で探すのは年々難しくなっていった。そこで登場するのが、外資系金融機関に勤める金融コンサルタントたちである。彼らの入れ知恵で、一九九五年頃から英国領ケイマン諸島などに設立した海外の簿外ファンドに含み損を抱えた商品を飛ばす手法に手を染めた。

九七年に山一證券が海外への巨額の「飛ばし」が発覚し、経営破綻する。国内では企業会計の透明性向上を求める声が高まり、二〇〇〇年四月以降から、企業が保有する金融資産は、簿価ではなく時価でバランスシートに記載する「時価会計」が導入された。ここにおいて、海外の簿外ファンドに金融商品の損失を飛ばす行為は、違法となった。

この当時、オリンパス社内で話題になった役員の人事についてお話ししたい。九九年六月の藤井謙治専務取締役の辞任である。経営企画・財務経理担当の藤井氏は、当時の岸本正寿社長の後任の筆頭社長候補であり、その一年前に常務から専務に昇格したばかりであった。その彼が、病気を理由に突然、辞めたのだ。

社内では「何があったのか」と噂が立った。私が聞いた話では、藤井氏は、下山敏郎会長に「飛ばしのことは開示して、最終処理をすべきです」と迫ったという。もちろん、下山会長は「そんなことができるはずがない」と拒否した。そこで、藤井氏は辞表を叩きつけた。辞任の際、藤井氏は親しい経理部員に一連の経緯について書き記した分厚い資料の束を郵送したとも言われている。

その後、不思議なことに、九九年九月三〇日の朝、「オリンパスで飛ばしが行なわれている」という情報があずさ監査法人に届けられた。あずさはオリンパスに出向き追及、会社は最終的に飛ばしの事実を認めた。その結果、オリンパスは飛ばしの対象となった特定金外信託を整理し、二〇〇〇年三月期に約一七〇億円の特別損失を計上している。

この時、すでに、含み損を生じた金融資産は大半が海外に秘匿されていた。あずさへの通報で解消された飛ばしは、その一部に過ぎなかった。この時に、膿をすべて出していれば、オリンパスは健全な会社として、米国医療大手ジョンソン&ジョンソンを上回る優良企業になっていた可能性もあっただけに、痛恨事である。

九九年六月、藤井氏の後任の経営企画・財務経理担当役員となったのが菊川剛氏で、その二年後、社長に就任する。

菊川体制の確立

菊川氏が社長に就任したのは二〇〇一年六月だが、私は彼が社内の全権を掌握したのは〇五年六月二九日以降だと見ている。この日開催の定時株主総会で岸本正寿会長が退任し、特別顧問に退いた。性格的に慎重居士だった岸本氏の重しが取れたことで、菊川氏は「飛ばし」の最終処理に向けて、大胆な手を打つようになった。

この直前の四月一日に菊川体制を固めるべく大幅な組織変更が行われた。菊川氏、山田秀雄専務と一緒に損失隠しに関わってきた森久志氏が総合経営企画室長から経営企画本部長に就任した。森氏は一橋大学商学部を卒業しオリンパスの人間として初めて、米国大学でMBAを取得し、野村證券の転換社債ワラント部でトレーニーとして研修も受けた。よって社内随一のファイナンスの知識を持っていた。菊川体制の確立直後の七月以降、簿外ファンドを用い、アルティス、ヒューマラボ、ニューズシェフというのちに損失隠しの解消に利用された零細三社の株式を相次いで購入している。

〇六年四月の機構改革では、山田専務所管のコーポレートセンターに属する財務部が再編され、資産運用やM&Aの検討、子会社の財務・与信管理機能などが、森氏が担当する経営企画本部内に新設された「財務戦略部」に切り離された。

〇七年七月の機構改革では、社長直属組織として、「新事業関連会社統括本部」が設置された。これは、アルティス、ヒューマラボ、ニューズシェフを管理するために設置された組織で、〇六年六月に取締役に就任した森氏が同様に担当であった。新事業関連会社統括本部は神谷町にあるこぎれいなオフィスビルに設置された。これらの部隊は、オリンパス社内の隠語で「神谷町」と呼ばれた。

2　不正に気づいた経緯

決算に現れた兆候

私が不正の兆候に気づいたのは、ちょうどこのように目まぐるしく組織が再編されている最中、〇七年一一月六日発表の〇七年九月中間決算の時だった。決算自体は、伸び盛りのデジタルカメラ事業が寄与して、連結売上高が五五〇四億円、連結営業利益は六〇二億円と第1四半期決算時の予想を大きく超えた。しかし、オリンパスの財務諸表では「おや、これは何だろう」と思うような兆候が現れていた。

単体のバランスシート（貸借対照表）で「その他関係会社有価証券」の残高が〇七年三月期末の一六〇億円強から九月期末にゼロになったのだ。これは、投資事業組合「G.C.NewVisionVentures（GCNVV）」が清算されたためだった。

すこし、話は込み入るが、大事な部分なので丁寧に説明したい。

オリンパスは、海外に簿外ファンドを設立し、含み損を抱えた金融資産を飛ばしたが、これは、Aさん、Bさんの例を借りれば、Aさんの株式の含み損が銀行からの借金に変わったのと同じことだ。この借金はいつか返済する必要がある。

しかし、ただ、単に借金を返済すれば、「あなた、何をやっているの」と奥さんに損失隠しが発覚する恐れがある。そこで、Aさんは一〇〇〇万円の価値しかない絵画をBさんから一〇〇〇万円で買い取り、Bさんに九〇〇〇万円を渡す。Bさんはその九〇〇〇万円に、持っている株式を売って得た一〇〇〇万円を合わせ、一〇〇〇〇万円を銀行に返済すれば、すべての取引は終わることになる。あとは、奥さんに絵画の本当の価値がバレないよう、天に祈ればいい。

オリンパスの一連の粉飾決算は、上記の取引を、舞台を世界のタックスヘイブン（租税回避地）に替えて、グローバルな規模で行ったことにほかならない。

この場合、GCNVVは、一〇〇万円の価値しかない絵画を一〇〇〇〇万円で買い取るための舞台装置と考えてもらってよい。オリンパスが二〇〇〇年三月に設立した損失解消を目的にしたファンドで、菊川社長直属の事業投資審査委員会が投資案件を検討し、野村證券出身の金融コンサルタントである横尾宣政氏の「グローバル・カンパニー」が運用を指図する仕組みだった。ここが、冒頭に紹介したアルティス、ヒューマラボ、ニューズシェフの零細三社に投資していた。

具体的には、まず、「Neo Strategic Venture」といった海外の租税回避地にあるオリンパスの簿外ファンドが二東三文の三社を〇三年から〇五年の間に七億円で投資し、GCNVVはそのうちの二億円分を〇六年三月期に一〇八億円で買い取った。その差額の一〇〇億円強が「飛ばし」の解消原資となる。

しかし、〇七年の会計基準の変更により、こうした投資ファンドのうち規模の大きなものは連結決算の対象になったため、GCNVVを連結決算に組み込む必要が生じた。そうなると、オリンパスの会計監査を行っているあずさ監査法人が「このファンドは何か」と厳しくチェックし、損失解消ファンドを使ったスキームが露見してしまう恐れが出てきた。そのため、〇七年九月でGCNVVを中途解約したのだった。GCNVVが保有していた株式は七月に新設された社長直属の新事業関連会社統括本部で引き取った。

その当時、機関投資家からの指摘を受け、投資家向けのIRを担当している広報・IR室が慌ててQ&Aを作成していたのが印象に残っている。

オリンパスは、その後、二〇〇八年三月と四月に合わせて、さらに、六〇八億円を簿外ファンドから追加で買い取り、三社への総投資額は七〇〇億円を超えた。

不可解な三社買い増し

半年後の〇八年五月、〇八年三月期の決算発表時に、私は極めて不可解な取締役会資料を目にすることになる。それは、「新事業関連三社の株式買増しの提案」と題する〇八年二月二二日付の資料だった。作成は、「経営企画本部と新事業関連会社統括本部」となっている。「アルティス、ニューズシェフ、ヒューマラボの株式を買い増したい」という内容だった。

取締役会資料には、三社の事業計画が添付されていた。各社とも直近の売り上げは数億円程度、最終損益も赤字かわずかな黒字だが、五年後の売り上げは数十倍、利益も最大一〇〇億円規模になると記載されている。この収益予想をベースに、三社の追加買い取り額の合計は六〇〇億円に達していた。

この資料でさらに不可解なのは、株式の買い取り先が「欧州のファンド」とあるだけで、具体的な名前が記載されていないことだった。「あまりにも高い買収価格、しかも相手が不明だ。取締役の特別背任に問われかねない案件だ」と私は直感した。

この資料を保管していたのは、企業法務部のM部長だった。企業法務部は当時、取締役会と監査役会の双方の事務局をしていた。M部長はその事務方として、取締役会や監査役会の資料に自由にアクセスできる権限があった。

その当時、私はこの資料が意味することを深く追及する余裕はなかった。しかし、心の中に黒い紙魚《しみ》のように浮かんだ疑念は消えることはなく、その後、本社の一担当者としての私の良心を苦しめ続けることになる。

私がのちに粉飾決算を追及する決定的な証拠となるこの〇八年二月二二日付の取締役会資料を目にしたのは、菊川氏が〇一年六月に社長に就任してから八年目に入ろうとした時期だ。ＩＴ関連企業の買収やデジタルカメラ事業への参入による積極的な拡大策により、オリンパスの業績は急拡大していた。〇八年三月期は連結売上高で一兆一二八九億円、営業利益は一一二六億円とそれぞれ過去最高を更新した。

私が思うに、菊川社長は、この過去最高の利益を原資に、下山敏郎、岸本正寿の前二社長から引き継いだ一〇〇〇億円を超える「飛ばし」の最終処理に踏み切ったのではないか。

当時、社内の雰囲気はとても明るかった。株価は二〇〇七年一〇月に五三二〇円の過去最高値を記録し、時価総額も一兆円を大きく超えた。社員の中には、入社時から持株会でコツコツとオリンパス株に投資している人も少なくなく、「保有株が一〇〇〇万円を超えました」などと社内にホクホク顔が溢れた。菊川社長は、「オリンパス中興の祖」として名実ともに名経営者の仲間入りをする寸前だった。

しかし、その陰で、社内ではいろいろと不満や噂も出ていた。それは、菊川氏の積極策と表裏一体であった。特に、本業との関連が薄い投資会社ＩＴＸやベンチャー企業に対する投資は評判が悪かった。

ITX買収の経緯

ITXは、二〇〇〇年四月に日商岩井（現双日）の情報産業部門が分離して設立されたIT企業である。オリンパスは設立直前の二〇〇〇年三月から資本参加した。そもそもは、過剰債務に悩んだ日商岩井とメーンバンクの三和銀行が債務の切り離しを目論んで設立した会社だった。ドコモやauなどの携帯電話ショップの運営のほか、IT企業への投資が主事業だったが、優良な投資案件は少なく、中には、反社会勢力のフロント企業のような会社もあった。

このITXに関しては社内で奇妙な噂が流れていた。「『グローバル・カンパニー』という正体不明のコンサルタント会社とオリンパス及び菊川社長や山田秀雄専務は付き合いがある。その代表は横尾宣政という人で、ITX社長の横尾昭信氏の実弟である」というものだった。当初は、横尾宣政氏は、野村證券の新宿ビル支店で支店長をしていたということぐらいしか分からなかった。ネットで検索しても、彼に関する情報はほとんどなかったためだ。

後に公表されるオリンパス第三者委員会報告書は、オリンパスがITX買収に至るまでの経緯を詳しく解明している。オリンパスの財テク損失は九八年には九五〇億円まで拡大した。オリンパスはそれまでも、証券会社を仲介役とした国内企業との飛ばしやプリンストン債に代表される外資系証券の損失計上先送り商品の購入で窮地をしのいでいたが、時価会計の導入が二〇〇〇年四月からに決まり、安全に秘匿する場所は海外しかなくなってしまった。

海外で飛ばしを実施するには、①飛ばし先の簿外ファンドの設立、②簿外ファンドへの資金融資――の二つが必要である。冒頭にAさん、Bさんを使った身近な例を説明したが、この場合、簿外ファンドの設立者はBさん、資金融資はAさんが保証し、Bさんが銀行から借りた借金に相当する。

オリンパスは、財テクで世話になった金融コンサルタント、中川昭夫氏、佐川肇氏のアドバイスに従い、九八年三月までに、Central Forest Corp（CFC）、Quick Progress（QP）という二つのケイマン籍の簿外ファンドを設立した。この二つは「受け皿ファンド」で含み損を抱えた金融資産を飛ばす。

あとは、この二つのファンドに、金融資産を買い取るための資金を融通する必要がある。

ここで、横尾宣政氏が登場する。オリンパスの山田氏、森氏は横尾氏が野村證券在職中に財テクで付き合いがあった。その横尾氏に、リヒテンシュタイン公国の皇太子が経営するLGT銀行を紹介してもらい、口座を開き、国債を預託、それを担保に、簿外ファンドに融資をしてもらうことにした。

これ以外にも、複数の送金ルートを確保するため、LGT銀行が運用するケイマン籍のファンド「New Investments Ltd. Class Fund IT Ventures（ITV）」などに投資した。

オリンパスは、二〇〇〇年三月、ITXに五〇億円出資し、同時にITVから一〇〇億円の迂回出資をした。

横尾氏の兄は、ITX社長の横尾昭信氏だった。昭信氏は七三年に日商岩井に入社し、二〇〇〇年四月に日商岩井の情報産業部門が分離しITXが設立されると同社の取締役に就任。〇二年から社長兼CEOに就いた。ITXへの投資は、もちろん、実兄の昭信氏から情報を得た宣政氏がオリンパスに持ち込んだ。

オリンパスの狙いは、ITXの値上がり益を、簿外ファンドの含み損失の解消原資として利用することだった。だが、山田、森両氏の目論見とは反対に、ITXは〇一年一二月の大証ナスダック（後のヘラクレス）上場後、株価は低迷し、たびたび保有株の減損処理を迫られたほか、追加の増資を求められるなど、経営の足を引っ張り続けた。

本社ビルの主

山田専務は、西新宿の本社ビルの主であり、実力者だった。長野県の出身で、県内の名門高校卒業後、一九六三年にオリンパスに入社。会津オリンパスの総務部門で長年勤務したのち、八〇年から本社の経理、財務部門で財務運用を担当してきた。いつもニコニコして一見気さくに見えたが、人事・総務を含む本社部門を完全に掌握していて、ちょっとでも刃向かうと容赦なく左遷させることで本社では恐れられていた。「菊川社長は山田専務に弱みを握られている」との噂もあった。

社内でもちょっと勘のよい人間ならば、一四階にある経理部や財務部門（財務部、財務戦略部）には、触れてはならない何らかの秘密があることに、気づかされた。財務部門は組織上、財務部がコーポレートセンター、財務戦略部が経営企画部と所管が分かれていたが、場所は同じところにあり、一種異様な雰囲気を漂わせていた。オリンパスのエリート集団とされ、他の部署に比べて昇進が異常に早いのが特徴だった。たとえば、S氏は四〇歳ちょっとで財務部長に昇進していた。彼は一九八七年四月にオリンパスに入社し、経理部に一〇年間在籍。その後、中国工場のカメラ生産立ち上げで事業管理と経理を担当した。社内の話によると、彼は香港時代に資金調達で頭角を現し、山田専務に気に入られた。のちに飛ばしに関わったことが判明した香港の金融子会社の役員も務めていた。彼は、異常に口が堅いことで周囲に知られていた。

財務部門は部内の結束も強く、オリンパスの他部門ではとうの昔に廃止されていた社員旅行が毎年年末、山田専務や森取締役も参加してとり行われていた。

「2ちゃんねる」の書き込み

私は社内の友人から、「『2ちゃんねる』にいろいろと噂が出ている」と聞かされ、帰宅後、自宅のパソコンで確認してみた。オリンパスでは、こうしたサイトへの社内でのアクセスは、山田専務の指示で内部監査やコンプライアンス部門が監視しているという噂が出ており、会社で2ちゃんねるを見るのは憚《はばか》られた。

帰宅後の深夜、2ちゃんねるを見てみると、「投資失敗のオリンパス」などのスレッドが大量に立っており、その中には社員と見られる人による書き込みがたくさんなされていた。

たとえば〇七年六月二一日付の以下の書き込みである。

「オリンパスが日商岩井のITX株を取得した。総額で二〇〇億円のディールとなった。現金が一〇〇〇億円あったオリンパスの選んだ選択が投資会社への投資ということになった。二〇〇〇億円ある借金返済は後回しになった。増配などの可能性は少なくなった。ようするに、株の損は、株で取り戻そうというトップの判断だ」

「オリンパスは、株バブルの九〇年代にしこたま財テクに走った会社だ。伝統的に財務畑が強い会社だが、財務の権限が強い割に、財務内容がもっとも悪い。財務が株がすきなのだから、しかたない。デリバティブや非上場投信など、グレー商品も好きだった。その後始末もならないままに、また、よりによって、日商岩井のＩＴＸへの株式投資か」


六月二七日付の書き込みではこうも書いてある。

「散々能書きこいたにも関わらず赤字なんだから、ＩＴＸに投資したことは失敗だった。これを長年他事業で黒字が出るまで連結のタイミングを利用してごまかしていたことは、財務上『飛ばし』といって証券取引法では禁止されている。これをしばらく続けていたとは噂通り粉飾だな。今から一〇年前、『飛ばし』を利用して総会屋に補塡していた事実をごまかしていたオリンパスは差額を従業員の賞与返上で補塡した。そのとき社長名で全従業員にお詫びメールが飛んだのは業界でもお笑い種になった。その悪習が直らないのもオリンパスならではだな」

3　ジャイラスの買収

突然の買収発表

損失隠しに使われた英国の医療機器メーカー、ジャイラス社の買収は、〇七年九月中間決算の発表から二週間後の〇七年一一月一九日に突然発表された。社内の誰もが予期しなかった。会見は一六時半から大手町の農林中金ビルで開かれた。買収額が約二一〇〇億円と大きかったこともあり、大勢のマスコミやアナリストが詰めかけた。

ジャイラス買収の表向きの理由は、体への負担の少ない低侵襲《ていしんしゅう》治療分野の拡大だった。これは、腹腔鏡《ふくくうきょう》手術などとも呼ばれる一九八〇年代以降普及し始めた外科手術方法だ。従来の胃ガンの手術は、お腹に大きくメスを入れ患部を除去するため、患者の体への負担が大きかった。

一方、腹腔鏡手術は、へそを中心に腹部に小さな穴を数ヵ所開け、ビデオスコープと液晶モニターでお腹の中を映し出しながら、電気メスや鉗子《かんし》類で手術をする。体の表面を小さく切るだけなので、術後の回復も早い。ソフトバンク球団会長の王貞治氏がこの手術を受け、現場に早期に復帰したことで、ご存じの人も多いだろう。

オリンパスは内視鏡分野では世界シェア七割を有するが、外科用のスコープや手術器具では米国のジョンソン&ジョンソン、コビディエン（現米メドトロニック）やストライカー、独のストルツなど欧米の大手医療機器メーカーの後塵を拝しており、オリンパスのシェアは二〜三割にすぎない。外科医向けの腹腔鏡は、内科医向けの消化器内視鏡とは、必要とされる技術も対象となる医師も違う。

オリンパスはジャイラスの買収により、この分野の開発・製造力と、特に巨大市場の米国における外科分野の営業基盤を強化することを狙いとしていた。

きわめて割高な買収金額

しかし、それにしても、私は二一〇〇億円という買収金額が「あまりにも高すぎる」と感じたし、それがオリンパスの財務に与える影響を懸念した。まず、ジャイラスの規模だが、〇六年一二月期で売上高は円換算で約五〇〇億円、営業利益で約四〇億円。営業利益に減価償却費とのれんの償却負担を足し戻したキャッシュフロー（現金収入）は約六〇億円にすぎなかった。

M&Aの世界では、買収金額をキャッシュフローで割った比率を、買収金額が適切かどうかの目安にしており、医療の場合は通常は一〇倍程度である。ジャイラスで言えば、六〇億円かける一〇倍の六〇〇億円、仮に一五倍とみても九〇〇億円程度が適正金額と言えた。四年後のことになるが、テルモが米医療機器会社を買収した際は価格が二四〇〇億円で、倍率は一五倍。しかし、それでも、英経済紙は、「アナリストによると適正な企業価値は八倍程度だ」と批判した。

この割高な買収金額はオリンパスの財務を直撃した。〇七年九月末の有利子負債残高は約四六〇〇億円。買収資金はメーンバンクの三井住友銀行や三菱UFJ銀行からの借り入れで賄ったから、二一〇〇億円の借金が加われば、六〇〇〇億円を超えてしまう。一方、当時の自己資本は一〇〇〇億円以上の簿外債務を考慮すると、実質的には二〇〇〇億円強に過ぎなかった。

菊川氏ら首脳が、「飛ばし」の解消のために、いかに一世一代の大博打に打って出たのか、財務面から読み取れる。

金融コンサルタントの暗躍

ジャイラスもGCNVVと同様、「奥さんに気づかれずに、AさんがBさんに借金の返済原資を渡すための舞台装置」である。今度は一〇〇〇万円の絵画を買うのに、Bさんに六〇〇万円の手数料を払うという点で仕組みが違う。もちろん、絵画の価格の六割に相当する手数料を払ったら「気は確かか」と言われるので、絵画の価格をなるべく吊り上げ、最終的に二〇〇〇万円で買ってしまった、という話だ。その舞台裏を追ってみたい。

オリンパスは二〇〇〇年初めころ、カメラ、内視鏡、顕微鏡の既存分野の成長に行き詰まりを感じていた。そのため、〇一年六月に社長に就任した菊川氏は、企業買収をテコにした事業拡大により、〇八年三月期に連結売上高一兆円、営業利益で一一〇〇億円を目指す計画を打ち出した。〇一年三月期は連結売上高が四六六七億円、営業利益で三五五億円だったので、「所得倍増計画」である。

〇三年九月の経営執行会議で、A、B、C社の三つの医療機器会社が買収候補として挙がった。最終的には規模の手ごろなC社と交渉することになった。この時に、C社との仲介役となったのが金融コンサルタントの中川昭夫氏だった。中川氏は一九七四年に野村證券に入社、メリルリンチ証券東京支店など米国系証券数社を経たのち、九一年からペイン・ウェバー東京支店に勤務しており、損失先送り商品の販売を通じ、オリンパスの山田氏と親交を深めた。中川氏とコンビを組む佐川肇氏は、当時ペイン・ウェバーニューヨーク本店にいた。この二人はオリンパスがパトロンになることに手ごたえを感じると九六年に独立し、「アクシーズグループ」を設立、中川氏は「アクシーズ・ジャパン証券」、佐川氏は「アクシーズ・アメリカ」の社長に就いた。

C社との交渉は、オリンパスの買収の意図に気づいたC社のオーナーがへそを曲げたため、〇五年に交渉が頓挫、そのため、〇六年にB社との交渉に切り替えた。B社は当時、大型の企業買収で財務内容が悪化しており、処置具部門を切り出して売却する考えがあり、その金額は六〇〇億円程度と予想されていた。

菊川氏、山田氏、森氏は、B社の買収金額が巨大なため、この機会を利用して簿外ファンド清算のための資金の供給に使えないかと考えた。具体的には、アクシーズに支払われるFA（ファイナンシャル・アドバイザー）手数料を損失の穴埋めに使おうとした。

巨額のFA手数料の本当の理由

〇六年六月、佐川氏のアクシーズ・アメリカとの間でFA契約を締結。成功報酬が買収価格の一%、そのうちの二〇%を現金で、残りの八〇%をB社の株式オプションで支払う内容だった。

この規模の買収に支払われるFA手数料は、高くてもせいぜい買収金額の一%程度なので正当な対価と言える。ミソはその一%のうちの二割を現金で、残りの八割を株式オプションで支払うとしたことだ。買収後に「オリンパスとのシナジー効果が出た」となれば、B社の株式オプションの価格は高騰し、それをオリンパスがアクシーズから買い戻せば、多くの損失解消の資金をアクシーズに渡すことができる。

B社との交渉は、B社が事業売却の意思がないと伝えたため、〇七年夏に終了してしまった。ただ、幸いにもその間、〇七年初めにジャイラス社のFAから身売りについて、オリンパスの医療事業部門に打診があり、同四月に交渉を開始する。

問題は、売り上げ規模でB社に比べて大幅に劣るジャイラスは、その買収金額も大幅に小さくなってしまう点だった。先ほども紹介したように、ジャイラスの買収金額は通常なら六〇〇億円程度、少し高めに値付けしても九〇〇億円程度で済んでしまう。もし九〇〇億円の買収に、六〇〇億円のFA手数料を支払ったら、世間から「それはおかしい」と疑われてしまう。そのため、なるべく、ジャイラスを「値段を吊り上げて買収する」必要が生じたのだ。一部上場企業の経営者なら、優良な会社をできるだけ安く買うのがその務めである。それを逆に高く買うことは、取締役の善管注意義務違反に問われる事態である。

山田氏と森氏は、どんなに割高に買ってもジャイラスの買収価格がB社より大幅に安く、おそらく二〇〇〇億円程度にとどまることを予想し、〇七年六月にアクシーズとのFA手数料契約を修正した。

成功報酬は、買収金額の五％と、当初の契約の五倍に修正された。また、現金での支払いは一五％で、残りの八五％がジャイラスの株式オプションとなった。これにジャイラスの発行済株式の二〇％を購入できる権利（ワラント）を付与した。どれも、ジャイラスの買収規模がB社の三分の一程度になるにもかかわらず、B社と同等かあわよくば、それ以上にFA手数料を支払うための細工であった。なお、株式オプションは、ジャイラス買収後、同社の資本再編に絡み優先株に置き換わったが、同じ経済効果を持つものと考えてよい。

ジャイラスの買収は、その金額も問題であったが、それ以上に、ジャイラスの事業内容そのものが問題であった。

損失の解消以外でオリンパスがジャイラスに期待したのは、大きく言うと技術面と営業面のシナジーだった。当たり前だが、巨額の買収であるから、買収前にその中身について精査すべきであった。しかし、肝心の開発、製造についてのデューデリジェンス（投資を行う際の調査）は全くされていなかった。中身はどうあれ、とにかく買収を急いだ菊川氏、山田氏、森氏の姿が目に浮かぶようだ。もちろん、交渉相手のジャイラス側には足元を見られた。

買収後のジャイラスがどのような状況だったのか、新日本監査法人のオリンパス問題に関する第三者委員会報告書が詳しい。

「第一に、ジャイラスのR&D（開発）部門については、買収前に、ジャイラスのCEOが、事業統合とリストラを進めてしまったため、買収後には、技術者の大半が辞めてしまっていた結果、R&D部門は脆弱となっており、特に期待していたエネルギー関連のR&Dはメンバーすらいなかった」

「製造部門についても、ジャイラスの買収後には、北米にあるジャイラスの四つの工場において、期待していたようには高品質の製品をコンスタントに製造し続ける能力、及び新製品を迅速に立ち上げる能力が低いことが判明した」

買収時の情報開示体制も問題だった。最大のものは、会見時の発表や資料で、FAのアクシーズについて一切言及がなかったことだ。買収のスキームについては、同日に英国の取引所で公開された適時開示資料に詳細が載っているが、FAについては「ペレラ・ワインバーグ」としか書かれていない。だが、ペレラは、アクシーズから再委託されたFAに過ぎない。もし、この時に、発表や資料でアクシーズが本当のFAだということが分かっていれば、この時点で「アクシーズとは何だ」と投資家、マスコミが騒ぎ、この買収スキームの異常さに気づいたはずだ。

私はジャイラスの買収価格を高いと感じたが、市場も身の丈に合わない買収と感じたのだろう。オリンパスの株価は徐々に下落し、〇八年三月には三〇〇〇円を割り込んだ。銀行からの借り入れにより、有利子負債は〇八年三月期に約六六〇〇億円に達した。米国のサブプライム問題が進行し、マクロ経済環境が悪化するなかでの大型買収を市場は懸念した。

オリンパスの決算・情報開示体制

ここで、オリンパスの決算に関わる情報開示体制について説明したい。決算は当時、経理部、財務部、財務戦略部、企業法務部、経営戦略部、広報・IR室の六つの部署が関わっていた。

まず、経理部が各事業部門の管理ベースの決算数字を集計し、公表ベースの財務諸表を作成する。財務部・財務戦略部は輸出企業として重要な為替予約のほか、銀行や生損保からの借り入れ、売掛金や買掛金の管理、現預金や投資ファンド、持ち合い株の管理を行っており、決算時にこれらのデータを経理部にインプットしていた。

企業法務部は、取締役会と監査役、監査役会の事務局であり、取締役会や経営執行会議資料、監査役会の資料に自由にアクセスできた。また、東証への適時開示や関東財務局へのファイリングを担当しているほか、株主総会への対応も行う。経営戦略部は、経営執行メンバーが参加する経営執行会議の事務局であり、関連情報を収集する。広報・IR室は、マスコミと機関投資家への決算、適時開示情報の説明を担当する。

二〇〇八年三月期の本決算当時では、菊川社長、山田専務、森取締役・経営企画本部長、中塚財務戦略部長、川又経理部長、S財務部長、M企業法務部長、Y経営戦略部長兼広報・IR室長の八人がそのメンバーであった。

ご覧になってわかるように、決算に関しては、西新宿の本社部門の人間以外は関与できない仕組みになっていた。決算の時期になると、一四階にいる経理部長や財務部長らが人目につかない非常階段を使い、一五階の菊川社長、山田専務、森取締役との間を盛んに行き来していた。遠く、八王子の研究所や福島、青森の工場の人間には、損失隠しの事実を知る由もなかっただろう。この体制が、「飛ばし」というオリンパス最大の暗部を長年にわたり隠し通すのに一役買っていた。

好決算に紛れた三社の買収

オリンパスの隠蔽体質は〇八年三月期の決算時にもいかんなく発揮された。この時に私が、アルティス、ニューズシェフ、ヒューマラボの三社の株式買い増しの取締役会資料を目にしたことは、以前書いた通りだ。

しかし、合計六〇〇億円の追加投資事案にもかかわらず、三社に関する情報開示はほぼ皆無だった。そもそも、ジャイラスの買収でバランスシートやキャッシュフロー計算書は大きく膨らんでおり、外部からは三社の買収はわかりづらい状況だった。会社からは買収した個別の企業名などは一切、明かされなかった。

オリンパスは、この決算時に、昔から付き合いのあるコンサルタントの日本IBMに作成させた「オリンパスとジャイラスのシナジー計画」なる外科事業のバラ色の業績見通しを公表し、投資家やアナリストの目を三社買収の問題から逸《そ》らさせることに成功した。

三社の買収は普通に考えれば重要開示事項であり、東証の適時開示の対象になるはずである。ひた隠しに隠す会社の姿勢に私は大きな疑問を抱くと同時に、監査法人や自主規制機関の東証は何をやっているのだろうと首をひねった。

4　二〇〇九年委員会と監査法人解任

リーマンショック

〇八年五月の本決算発表後、サブプライムローン問題に端を発した米国の金融危機は徐々に全貌を表し始め、九月一六日には米証券大手のリーマン・ブラザーズ証券が破綻《はたん》するいわゆる「リーマンショック」が発生した。

リーマンショックの影響は、〇八年九月中間期の決算に出始めた。オリンパスは、まず、一〇月三〇日に業績を下方修正した。為替レートが一ユーロ＝一五五円から一三〇円に急激に切り上がり、海外での売上や利益を直撃した。それに加え、映像事業の売り上げが減速し始めた。ジャイラスやその他三社によるのれんの償却負担増加も重くのしかかった。

一一月五日の中間決算発表では、上期の連結売上高は前年同期比三％減の五三五八億円、最終利益は九割減の三六億円となった。決算のもう一つのポイントは、バランスシートにあった。ジャイラスの無謀な買収が自己資本を直撃したのだ。ジャイラスの買収は英ポンドで行ったが、急激な円高の進行で、円建てのジャイラスの価値が急激に目減りした。その目減り分を会計上は「為替換算調整勘定」として自己資本から除外しなければいけない。この為替換算調整勘定が約二〇〇億円のマイナスとなった。英ポンドは、買収時の想定レート一ポンド＝二二六円から、〇八年一二月末には一三二円まで円高が進んだ。この時期、財務部員はブルームバーグ端末を見ながら、真っ青な顔をしていた。恐ろしいことに、この為替換算調整勘定のマイナスは一一年九月中間期末には一二〇〇億円超まで拡大し、経営危機の大きな要因となる。

監査法人からの指摘

年末に入ると、三社ののれんについてあずさ監査法人が減損を求めているという情報が私の耳に入った。第三者委員会の報告書を見ると、〇八年一二月一八日に、あずさ監査法人がオリンパス監査役会に対し、三社の買収に関し、判断の合理性に疑問があると指摘している。

この間の会社側とあずさ監査法人とのやり取りは興味深い。〇八年一二月から始まったあずさの会計監査でオリンパスは、アルティスなどの新事業三社の買い取り価格が高額であることや、ジャイラス社のＦＡ手数料が高すぎることを指摘されていた。一二月五日に、あずさと山田専務、川又経理部長の間で話し合いが持たれ、新事業三社の業績が当初の計画から大きく乖離し、再評価を実施すべきこと、また、ジャイラスのFA手数料について内訳を開示するように求められた。

この件について、山田専務は菊川社長に「あずさは、佐々誠一というオリンパスを初めて担当する人がトップで来ていて、いつもと様子が違います。三社の株の買い取りの件やジャイラス社の買収でのアドバイザーフィーのことをおかしいと思っているようです」と報告している。

あずさは、川又部長や経理部員の説明では納得せず、翌年の〇九年三月五日に菊川社長と直接懇談することになる。この件は、後ほど詳述したい。

分析機事業の突然の売却

そうした最中、二月中旬、オリンパスは、いきなり、分析機事業の売却を発表した。これも、ジャイラスの買収同様、オリンパス社員にしてみれば、青天の霹靂であった。

オリンパスは分析機市場に一九七一年参入し、苦労しながら、売上高で五〇〇億円、営業利益で三〇~五〇億円規模のビジネスに育て上げていた。以前は「生化学検査」と言われる血液検査で体の栄養状態や肝臓・腎臓の機能などを調べる市場向けの機器しか扱っていなかったが、二〇〇六年からは免疫検査市場に参入した。こちらは、血清を試料として、ガンや甲状腺疾患の病気を調べる。生化学検査市場、免疫検査市場とも当時は、世界で六〇〇〇億円程度だったが、成長率は生化学が年率三%なのに対して、免疫は七%と見込まれていた。

分析機は、内視鏡検査の前段階で血液検査をして、大腸ガンなど病気の有無を診断するということで、内視鏡と十分なシナジーがあった。さらに、静岡県三島市に〇七年春、分析機の新工場が竣工していた。分析機事業を売却する理由が全く思い当たらなかった。

今から見れば、あずさの監査がきっかけだったことが容易に想像できる。あずさは買い取った三社の株式やバランスシートにのれんとして計上したジャイラスのFA手数料の減損を要求し、自己資本が目減りする可能性があったのだ。

分析機事業は、米国企業への売却により五二〇億円の売却益が発生し、その分、自己資本が増える。〇九年三月期は三社やITXののれんと、ジャイラスのFA手数料由来ののれんの減損が主因となり一一〇〇億円を超える特別損失を計上することになる。その結果、粉飾決算発覚後の修正財務諸表では、一二年六月末の連結自己資本は約二〇〇億円まで落ち込んだ。この売却益がなければ、三〇〇億円を超える債務超過に陥り、上場廃止になっていたはずだ。

売却では一五〇〇人の人間がオリンパスを去ることになった。「日本的経営で雇用は守る」と言い続けてきた菊川氏ら経営陣は、「損失隠し」という自らの保身のために、一五〇〇人の社員を生贄に捧げた。

過去最悪の赤字

そして、迎えたのが、〇九年三月期決算だ。五月一二日に発表されたこの決算では、三社の減損損失が加わり、最終赤字は一一四八億円と過去最悪となった。特別損失は一一〇四億円。そのうちの五五七億円は、アルティス、ニューズシェフ、ヒューマラボ三社ののれんの減損によるものだ。一五五億円は、ジャイラスのFA代金として計上した優先株やワラントのうち、あずさ監査法人がのれんとして認めなかったものを特損計上した。自己資本比率はこの一年間に二六%から一五%にまで落ち込んだ。いずれにしても、破壊的な決算だった。

〇九年三月期はオリンパスに限らず、リーマンショックの影響で、大手電機メーカーや自動車メーカーが軒並み巨額赤字を計上し、ソニー社長など経営者の退任が相次いでいた。オリンパスと似たような赤字額では、システム開発会社のCSKが不動産投資の失敗で一

○四○億円の最終赤字となり、実力会長が辞任すると報じられていた。

私は、オリンパスも首脳陣のいずれかが責任を取ると見ていた。株主からも、「菊川さんにはそろそろ辞めてもらいたい」という声が出ていた。その場合は、菊川氏が会長に退き、森氏が社長に就任、山田氏は退任という風に見ていたし、社内の下馬評もそうだった。

しかし、五月二五日に驚くべき役員人事が発表された。一連の投資で責任を問われるべき山田氏が六月二六日の株主総会を経て副社長に昇進する人事だった。そもそも、オリンパスには副社長のポジションはここ数十年来存在しなかった。役員としての任期を伸ばすために、急遽、復活させたのだろう。本社の知り合いに聞くと、山田氏は退任の予定だったが、菊川氏との話し合いで最後に状況が変わったらしい。なぜ、山田氏はここまで力を持っているのか？　私は、「菊川さんと何か秘密を抱えているのではないか」と思わざるをえなかった。

この日はもう一つ、サプライズがあった。あずさ監査法人が解任され、六月二六日の株主総会後から新日本監査法人が後任となると発表されたことだ。あずさは一九七四年から三五年間、オリンパスの会計監査を担当してきた。私は、買収ののれんを巡る減損で監査法人と経理部がもめていると聞いていたので、その件で解任されたと直感した。

その時の適時開示を見ると、監査法人の異動の理由について、「六月二六日の株主総会で任期満了となるため」としている。また、退任の理由や監査報告書の記載事項について、あずさから「特段の意見はない旨の回答を得ている」としている。

強硬だったあずさの姿勢

前述したようにあずさ監査法人と菊川社長の懇談は、二〇〇九年三月五日に開かれていた。会社側の出席者は、菊川社長、山田専務、川又経理部長、O経理副部長、あずさ側は、佐々誠一、池田澄紀、山口直志の三会計士らであった。この中で、佐々氏がオリンパスに強硬な態度で臨んでいた。佐々氏は当時、あずさの専務理事で品質管理担当だった。

佐々氏が強硬な態度をとったのは、米国法人「オリンパス・コーポレーション・オブ・ジ・アメリカズ（OCA）」の監査を担当しているKPMGニューヨークが、ジャイラスの買収に伴いOCAにのれんとして計上したFA手数料が「極めて経済合理性がなく、不正取引が疑われる」と連絡してきたためだった。オリンパスから明確な回答が得られない場合は、監査意見を出さないと言う。

実はこの時、KPMGニューヨークでは、オリンパスのFA手数料をめぐる疑惑について、監査チームだけでなく、法務部門やリスクマネジメント部門も巻き込んでの大問題となり、上部組織のKPMGインターナショナルも報告を受ける事態になっていた。米国で監査意見が出なければ、KPMGに大きな部分を依拠しているあずさも当然、オリンパスの監査意見を出せなくなる。

後日、事件発覚後の一一年一一月二五日、KPMGのマイケル・アンドリュー会長は香港の記者会見で、〇八年当時のオリンパスについて「とても重大な不正が行われていて、多くの人々が共謀していたことはかなり明白だ」とコメントしている。

佐々氏は、新規事業三社について、事業価値はゼロであり、全額減損をしないと監査意見は出さないと主張。また、ジャイラス社のFA手数料についても、納得する様子は見せなかった。そして、監査役の判断についても文書での提出を求め、それができないのなら、外部の専門家を使うことを求めた。さらに四月一〇日の監査役との臨時会合では、「金融商品取引法一九三条三項の法令違反の事実発見規定に基づき、内閣総理大臣に申し出ることもありうる」とまで言明している。

あずさの強硬な態度に直面し、菊川氏は監査証明がもらえず、決算ができなくなったらマスコミが騒ぎ出し、大変なことになると考え、五月七日にあずさの佐々氏らと再び懇談し、三社ののれんについては連結で五五七億円を費用処理、ジャイラスのFA手数料については、買収金額の五%を超える部分の一五五億円を費用処理することを伝えた。

しかし、それでも佐々氏はジャイラス社のFA手数料については納得せず、第三者委員会の設置による調査を求めた。これが、オリンパスが松本真輔弁護士を委員長とした第三者委員会（二〇〇九年委員会）を設置した背景となった。

二〇〇九年委員会

第三者委員会は、あずさの要請をうけ、業務監査を担う監査役会が主導して設置することになった。ただ、オリンパスの常勤監査役である今井忠雄氏と小松克男氏は、それぞれ、医療の国内営業本部長と会津オリンパス社長の出身で、こうした不正調査のノウハウがあるはずもない。監査役室のスタッフを兼務していた企業法務部のM部長が、日頃から付き合いのあるオリンパス顧問弁護士の森・濱田松本法律事務所の宮谷隆弁護士に事務局を委託することにした。M部長は菊川氏や山田氏の息のかかった執行側の人間にもかかわらず、執行から独立を求められる監査役室のスタッフとして宮谷弁護士と一緒に、第三者委員会の報告書の作成を主導した。

委員会の委員は、

1　宮谷弁護士の知り合いの中村・角田・松本法律事務所の松本真輔弁護士、
2　オリンパスの買収防衛策特別委員会の委員である元東京経済大学教授の中川十郎氏、
3　公認会計士の高橋馨氏——の三人に依頼した。中川十郎氏は、〇四年九月に在外研究員として米コロンビア大学のビジネススクールに在籍し、ノーベル経済学賞受賞のロバート・マンデル氏と知り合ったが、このマンデル氏を通じて、アクシーズの中川昭夫氏を紹介された。そして、中川氏から、オリンパスの特別委員会の委員に推挙された。マンデル氏はオリンパスの社外取締役を務めていた。

高橋氏は、オリンパスの社外取締役の林純一氏が知り合いの新日本監査法人代表社員に頼んで探してきた。ちなみに、林氏は、元BNPパリバ証券債券部長で、一九九七年頃、パリバ債を使って、オリンパスの飛ばしを幇助していた人物である。第三者委員会の委員の独立性には最初から疑問符がついた。

五月九日の監査役会で三人への依頼を決議したのち、森・濱田松本法律事務所が一二日までに「新事業三社の買収やジャイラスのFA手数料について著しい不正があったとまでは言えない」とするドラフトを作成。執行側の人間でもあるM部長がドラフトを修正し、一五日に森・濱田松本法律事務所のオフィスで開かれた第一回の第三者委員会に報告書の草案が届けられた。常勤監査役の今井氏は、「何もないところからこの報告書を作成する弁護士の起案能力はすごい」と舌を巻いた。

翌一六日には、松本弁護士の事務所で、委員によるあずさの佐々会計士らのヒアリングが行われた。しかし、実際には、佐々氏が、「不正・違法を疑わせる見たことのない異常な取引だ」と逆に委員を攻める始末だった。そもそも、あずさは会計監査人として、長年オリンパスを監査し、にわか作りの第三者委員会と比べると圧倒的な情報量の差があった。第三者委員会の高橋氏が、「あずさは一年をかけて監査をして情報を持っている。我々は短期間でやれることをやっているんだ」と反論するのはもっともだった。

結局、一七日に第三者委員会から監査役会に報告書が提出され、三社の株式取得やジャイラスの買収に関して「違法、若しくは不正があったとまでは評価できない」との結論が出た。これを反映した監査役会の意見書をあずさに提出したことで、ようやく、五月二〇日にあずさから無限定適正意見がついた監査報告書をもらえた。

菊川氏の激怒とあずさの解任

しかし、菊川氏のあずさへの不信感は頂点に達していた。五月七日の会合では、佐々氏は、菊川氏や山田氏の退陣までも求めていた。菊川氏は「一会計士が企業のトップの経営判断にまで踏み込んで許し難い」と考え、山田氏や森氏と話し合って、監査法人を変えることを固く決意した。

五月二〇日にあずさから無限定適性意見をもらうと、翌二一日に、菊川氏は、山田氏を伴って、新宿のあずさ監査法人を訪ね、佐藤正典理事長と佐々氏と面談。監査契約の打ち切りを通告し、六月二六日の株主総会後に任期満了で契約が終了することになった。オリンパスに新日本監査法人を紹介したのは、社外取締役の林純一氏で、林氏と新日本の理事長は大学時代の同窓で知り合いだった。

山田氏については、定年の時期を迎えていたが、飛ばしの損失の処理の問題が残っていたので、菊川氏は山田氏に副社長として会社に残ってもらうことに決めた。

これが、五月二五日発表のあずさの解任と山田氏の副社長昇格の真相だった。

オリンパスは「フグ」

五月一二日に過去最悪の決算を発表すると、オリンパスの株価は一七〇一円の安値をつけた。当然のごとく、市場からのオリンパスの評判は悪かった。

市場の誰もがオリンパスの医療機器事業の強さや社会的意義は認めていた。新興国経済の拡大や世界人口の増加で、世界の医療機器市場は年率一〇％程度で成長が継続的に見込まれており、内視鏡で世界シェア七〇％のオリンパスには誰もが投資したかった。しかし、ITXを始めとする不可解な新分野の投資、キヤノンやニコンにどうしても勝てないデジタルカメラ事業の低迷、それに、あまりにも割高に映ったジャイラスの買収にみんな二の足を踏んでいた。

「菊川社長は信用できない」「菊川社長がいる限りは投資しない」という声や「オリンパスは美味しそうに見えるが猛毒のフグだ」という辛辣な意見もあった。毒に当たると死んでしまうという意味である。実際、粉飾決算発覚後は株価暴落で頓死《とんし》する投資家が相次いだ。

5　尾瀬の密会

浜田氏の内部通報事件

二〇〇九年二月六日、オリンパスは業績予想を下方修正し、〇九年三月期が四五〇億円の最終赤字に転落すると発表した。不可解な新規投資とそれに伴う特損計上で、社内には経営に対する怒りや会社の先行きに対する不安が溢れていた。

オリンパス社員浜田正晴氏による内部告発事件が勃発したのは、ちょうどそんな時期だった。〇九年二月二七日付の読売新聞朝刊の一面トップに「オリンパス　社内告発で『制裁人事』」とする記事が掲載された。

浜田氏は社内のコンプライアンス通報窓口に上司に関する通報をした結果、配置転換の制裁を受けたとして、東京地裁に提訴し、その後、東京弁護士会に人権救済を申し立てていた。浜田氏はライフサイエンスカンパニーという顕微鏡や検査機器を扱う部門で大手鉄鋼メーカーを相手に検査機器の営業をしていた。自分の上司がこの大手メーカーから機密情報を知る従業員を引き抜こうとしており、その行為が不正競争防止法に抵触する可能性があるとして、社内のコンプライアンスヘルプラインに通報した。しかし、その内容が上司や人事部に漏れ、資料整理しか与えられない閑職に回されたと主張していた。

オリンパスの本社部門では、この浜田氏の内部告発に神経を尖らせていた。当時は、リコール隠しの三菱自動車、食品偽装の雪印グループ、不二家、ミートホープ、船場吉兆、赤福など、内部告発による企業不祥事の発覚が相次いでいた。そして、いずれの件も、企業は初期対応を誤り、深刻な経営危機に陥っていた。

浜田氏の事件は、マスコミの関心も高かった。〇六年四月に内部通報者を保護する「公益通報者保護法」が施行されており、浜田氏の事件は、この法律の適用が問題となるケースだったためだ。そのため、会社は、本社一五階に臨時対策本部を設置し、万全の体制を敷いた。会社は顧問弁護士と組んで、組織的に浜田氏の悪評を集め、裁判所に提出した。

結果は浜田氏の敗訴だった。そして、マスコミの関心は急速に薄れていく。ひとまずは、オリンパスの勝利だった。

私はこの経験を通じ、「会社の内部通報制度は利用するものではない」と強く感じるようになった。

オリンパスは〇五年からコンプライアンスヘルプラインを導入していた。菊川社長直属のCSR本部の中にコンプライアンス室があり、そこが内部通報を担当した。担当役員は山田専務だった。内部通報は匿名での通報を受け付けているが、要調査案件については、調査開始の際に名前を明かすことが求められた。私も含め多くの社員は、「会社に不満を持つ人物をあぶり出す罠として悪用される恐れがある」という懸念を持っていた。

第三者委員会の報告書によると、コンプライアンス室や監査役会からは、外部通報窓口の設置が複数回提案されたが、いずれも山田専務に握りつぶされている。

この年の一〇月には、尖閣諸島沖で発生した中国漁船と海上保安庁巡視艇の衝突事故が動画サイトYouTubeに流出する事件が発生した。この件では、情報発信者の海上保安官が特定されてしまった。このことも内部告発の難しさを改めて私に認識させた。

「王様の耳はロバの耳」

二〇〇九年六月、私はジャーナリストの山口義正氏と初夏の尾瀬にいた。山口氏と私はお互いに写真が趣味で、写真の同好会で知り合った。彼はニコン党、私はもちろんオリンパスだ。水辺に咲く白や黄の可憐な花々は格好の被写体だった。山の清涼な空気が頬に気持ち良い。汗をかくと、川底の石が透き通って見える小川で顔を洗った。冷たい水で生き返った。

誘ってくれたのは山口氏だった。尾瀬は彼の好きな地で、取材や執筆に疲れると、気分転換に車で一人、ぶらりと訪れるらしい。

その頃の私は精神的に追い詰められていた。経営による不可解な投資の数々。リーマンショックと市場の暴落、七〇〇〇億円に達しようとする借金、巨額損失、あずさ監査法人の解任。どれも異常事態だった。しかし、社内は不思議なほど静寂を保っていた。苦悩を共有できる人はいなかった。

社内にはふた通りの人間がいた。異常事態に気づかない人、気づいても知らないふりをする人だった。経理、財務部門と言っても、ファイナンスの知識が十分という人間は少なかった。むしろ、「余分な知識はいらない、銀行や生保、株式持ち合いをしている取引先とうまくやっていれば十分」というのが山田氏の考えだった。銀行との付き合いで、昼からビールを飲み、赤い顔をしている財務部員もいる。何も知らなくても、財務に関しては、知識が豊富な森取締役の指示に従っていればよかった。

異常事態に気づいている人はいたが、そういう人は大概が中途採用で少数派だった。彼らは外様で支持母体がないから、山田氏の怒りに触れたら最後、出世の道は閉ざされる。ひたすら恭順の意を示し、知らないふりをするしかなかった。

尾瀬の散策も終わりに近づいた頃、私の前を歩く山口氏に、なんとはなしに「うちの会社、不可解な投資をやっているんだよな」と話した。「七〇〇億円で零細な会社三社を買ったんだよ」。

社内では誰も受け止めてくれる人がいなかった。「王様の耳はロバの耳」という私の小さな叫びは巨大なブラックホールに吸い込まれていた。

山口氏もにわかには信じがたいという表情だった。なにしろ、オリンパスは東証一部の上場企業で、あずさという超一流の監査法人が監査をしているのだ。そんなデタラメは通るはずもないだろう、というのが第一の反応だった。

社外の人間にそれ以上話すのもためらわれた。ただ、月末の六月二六日に株主総会が迫っていた。監査法人があずさから新日本に変わったという不審点もある。株主の追及で、もしかしたら、総会が紛糾するかもしれない。「念のためウォッチして」と彼にお願いをして、尾瀬を後にした。

結局、二六日の総会は、無風の「シャンシャン総会」だった。「君の思い込みだよ」と山口氏にからかわれて終わった。

ジャイラスの優先株取得

時計の針を少し先に進める。二〇一〇年五月一一日と一二日の両日に、一〇年三月期の決算発表と一五年三月期を最終年度とする新中期経営計画の発表があった。

一〇年三月期の決算は、連結売上高がその前の期に比べて一〇％減の八八三一億円、最終損益は一一四八億円の赤字から四七八億円の黒字に転じた。円高と分析機の売却が減収要因となったが、残業代のカットによる販管費の削減や分析機の売却による特別利益の計上が増益を後押しした。

中期経営基本計画「10ＣＳＰ（Corporate Strategic Plan）」は意欲的なもので、最終年度の一五年三月期の売上高は一〇年三月期比倍増の一兆五〇〇〇億円、営業利益は三倍近い一五〇〇億円の予定だった。映像、医療、ライフ・産業、ＩＴＸ、新規事業各事業とも大幅な増収が前提だった。この決算時に、例のジャイラスの優先株取得の問題が浮上した。

キャッシュフロー計算書を分析すると、第４四半期（一〇年一～三月期）に異常値があるのが判明した。具体的には、「投資活動によるキャッシュフロー」の中の「子会社株式取得による支出」が約六〇〇億円のマイナスになったのだ。

私は、「またか」と暗然たる気持ちになった。これまでの数年間、正体不明の買収や資金の支出にさんざん悩まされてきた。もちろん、詳しく分析するアナリストから厳しく指摘されることは目に見えている。

社内の情報によると、菊川氏、山田氏の両首脳が出席した決算発表前のミーティングで、出席者からこの件について質問が出たらしいが、二人とも終始うつむいて、何も答えなかったらしい。この話を聞いて、私は、何か大きな秘密があることを確信した。

その裏事情は、次の通りだ。ジャイラス買収後、オリンパスは二〇〇八年九月末、中川・佐川両氏の経営するアクシーズに株式オプションに代えて優先株を一七七億円で発行していた。そして、ジャイラスの優先株の買い取りについては、〇八年一一月二八日の取締役会でその価値は最大で約六〇〇億円あると報告され、買い取りが承認された。価格の根拠はいい加減だ。差額はもちろん、損失解消に使う。

山田氏と森氏は、一二月中に買い取る予定だったが、一二月からあずさの会計監査が始まると、「優先株を買い取っても簿価の一七七億円を超える部分は、のれんとして資産計上できず、特別損失として一括計上しなければいけない」と言われ、さらに、買い取り決議を取り消すように促されていたこともあり、〇九年六月五日の取締役会で、承認決議を取り消すことになった。

しかし、長年の懸案だった簿外債務の解消まであと一歩に迫っていたので、菊川氏、山田氏、森氏の三人はここで引き下がるわけにはいかなかった。

幸いにも、〇九年七月からあずさの後任となった新日本監査法人の中島康晴会計士は、あずさの佐々会計士に比べて、「話がわかる」人物だった。

森氏が、「あずさから、ジャイラス本国の英国では、優先株は負債として計上されるので、買い取り価格と簿価との差額（六〇〇億円―一七七億円）をのれんに計上できず、一括損失処理をしなければいけないと言われている」と説明すると、中島会計士は「そうなのかなあ」と腑に落ちない様子だった。

森氏は佐川氏との優先株の買い取り価格交渉が難航しているふりをして、「価格交渉を有利に進めるため、優先株の配当の支払いを停止して、できれば一〇年三月期末までに優先株を買い取ってしまいたい」と中島会計士に相談した。中島会計士も「配当停止をトリガーにして、優先株を負債から資本として振り替え、差額をのれん代に計上できるのでは」という認識を示した。

一〇年二月一九日、英国の法律事務所からも、不十分ながら、資本への振り替え可能性を示唆するリーガルオピニオンを取得できたので、一〇年二月二六日の取締役会で、優先株六〇〇億円の買い取りを再提案した。一部の監査役から疑問の声も出たが、菊川社長が押し切り、三月末までに優先株を買い取ることを決定した。これが、二〇一〇年三月期決算で浮上した六〇〇億円の優先株買い取りの裏事情だった。

アナリストからの指摘

五月一一日の決算発表の翌日、証券会社のアナリストが一斉にレポートを発行した。その中の一つ、ある外資系証券によるものが、注目に値する内容だった。

「オリンパス：ネガティブ印象、経営陣の考え方を確認したい」という内容だった。

「想定していなかった連結子会社取得の投資活動によるキャッシュアウト五九九億円はネガティブサプライズ。ジャイラスの買収費用計上は完了したと考えていたが、優先株を保有者から買い取った模様。少なくとも会社説明会や取材などで、優先株について説明を受けた事はなく、重要事象として投資家への開示が望ましかったであろう」としている。当然の指摘である。

さらに、「株式市場では、オリンパスに対するコーポレート・ガバナンスの問題を指摘する声がある（中略）。今回のジャイラスの件はガバナンス的に再度問題提起される可能性が高い。これがガバナンスという観点で最後の悪材料となるのか、今後も出てくるのか、一二日の決算説明会において経営陣の考え方を確認したい」とした。まさに、慧眼《けいがん》である。このメッセージを受け取った森取締役とN広報・IR室長は、即座にアクションを起こした。このアナリストの海外VIP顧客との面談を設定したのだ。その相手は、シンガポール政府投資公社だった。森氏とN氏はシンガポールに飛び、投資公社幹部と面談。その結果、オリンパス株に投資することになった。アナリスト、投資公社双方ともオリンパスに騙されたことになる。煙たい相手に毒まんじゅうを食らわすのはオリンパスの常套《じょうとう》手段だ。粉飾決算発覚後、オリンパスは二〇一二年一一月、投資公社を含む海外投資家四九社から一九二億円の損害賠償訴訟を提起された。

6「飛ばし」の最終処理

ITXの完全子会社化

二〇一〇年三月期にジャイラスの優先株をアクシーズから買い取り、隠れ損失の最終処理を行うと、経営陣は「飛ばし」の痕跡を隠す作業に入った。その象徴となったのが、ITXの上場廃止だ。前述のようにITXは元々、山田氏と森氏が、その株式の値上がり益によって損失を穴埋めする手段として活用しようとした。

しかし、彼らの目論見とは反対に、ITXは株式上場後、株価が低迷、経営の足を引っ張り続けた。飛ばしの最終処理が終わったいま、痛くもない腹を探られない為にも、非上場とし情報開示対象から外す必要があった。

その前準備として、一〇年五月にオリンパスの一〇〇%子会社「オリンパスビジネスクリエイツ（OBCC）」が設立された。オリンパス本体で新規事業を担っていた「新規中核事業企画本部」が分離独立したもので、新会社は七月に二〇〇億円の増資を実施し、オリンパス本体とITXの双方が保有するベンチャー企業群を買い取った。

そのうえで、オリンパスは一〇年一一月五日、株式公開買い付け（TOB）によるITXの完全子会社化を発表した。オリンパスは発行済株式の八二%を出資する筆頭株主だったが、船井電機が六%出資しており、その他、個人などから買い取る必要があった。

TOBは一二月末に完了し、九二%の株式を取得。一一年二月には、TOBを拒んだ残りの八%のITX株主にオリンパス株を割り当てる株式交換を実施し、一〇〇%子会社化し、三月に大証ヘラクレスを上場廃止となった。この際にオリンパス株を強制的に割り当てられた船井電機からは粉飾決算発覚後、訴訟を起こされ、二〇一五年一二月に賠償金一〇億円弱を支払っている。

一気に老け込んだ菊川社長

菊川氏は、二〇一〇年三月期に優先株約六〇〇億円を買い取ることにより、ウルトラC級の難題を解決したことで、心底、ほっとしたのだろう。モノリスビルの本社では「一気に老け込んだ」と話題になった。

ここで粉飾決算の収支について総括したい。オリンパスは一九九八年三月までに、金融コンサルタントの中川氏と佐川氏の協力で、ケイマン諸島に飛ばしの受け皿となる二つの簿外ファンドを設立した。ここが損失隠しの事実上のスタート地点になる。この結果、〇三年時点で一一七七億円の損失が分離された。これに加え、簿外ファンドの維持費用や金融コンサルタントへの報酬として一七一億円が支払われ、オリンパスは飛ばしを最終処理するまでに合計で一三四八億円を浪費した。

この金額を賄うために、アルティスなど三社の買収で七一六億円、ジャイラスの買収に関するFA手数料（ワラントと優先株）の形で六三二億円を受け皿ファンドに供給して、飛ばしスキームの解消に漕ぎ付けた。

菊川氏はこの飛ばしに、財務経理担当の常務取締役に就任した九九年六月から一〇年以上関わった。彼にとっては、長い、長い旅だったはずだ。

そして新たな船出を象徴するために、後継者選びを本格化させたのだろう。菊川氏のメディアでの発言などによると、この一〇年一一月に英国人マイケル・ウッドフォード氏を東京に呼び、後継に指名したとある。

私はその伏線が、同年七月の菊川社長による欧州での投資家訪問にあったと聞いている。オリンパスは毎年、五月の本決算発表後に菊川社長が自ら赴き、欧州と米国で投資家訪問を行っていた。ちなみに、前年の〇九年三月期は一〇〇〇億円を超える最終赤字となったため、海外訪問を中止し、菊川氏は雲隠れしている。

一〇年七月初旬、菊川社長はロンドンを訪問し、ウッドフォード氏と会食した。ウッドフォード氏は、日本人以上に心配りができる人物であり、菊川氏がロンドンに滞在中、ホテルに日参し、「なにかご不自由はありませんか」と懇切丁寧に接待した。彼は日本企業に三〇年間勤めただけあって、日本人の気質や日本企業の文化を非常に良く知っていた。彼は、高卒から実力一本で、欧州法人の社長にまで上り詰めた優秀な経営者であったが、日本的な面も多々あったのだ。菊川氏にはそんなウッドフォード氏が後任に相応しく映ったのではないだろうか。

高額な役員報酬

そうした中で、私を強く憤慨させる事実が浮上した。二〇一〇年六月の株主総会から個別役員報酬の開示が始まり、菊川社長が年収にして一億五八〇〇万円もらっていたことが判明したのだ。

これは金融庁による企業ガバナンスの強化策の一環として、一〇年三月末に内閣府令として施行され、六月の株主総会集中期から、個別役員報酬が一億円を超える役員が開示の対象となったことでわかった。

菊川氏の場合、内訳は役員報酬が一億三七〇〇万円、業績連動の役員賞与が二一〇〇万円だった。オリンパスは〇九年三月期に一〇〇〇億円以上の赤字に陥り、一〇年三月期は従業員の人件費削減で増益を確保した。残業代は無惨にカットされた。それなのに、経営者自ら身を削る努力をしないのはどういうことか。業績に連動しない基礎報酬が一億三七〇〇万円もあることは納得しがたく、社内には不満の声が満ちあふれた。

オリンパス事件公判の検察による論告求刑では、菊川氏は〇一年六月から一一年一〇月までの一〇年間で「約一三億九八六〇万円もの極めて高額な役員報酬を受領している」と指摘された。検察は、「この役員報酬は、本件各犯行を含む一連の粉飾決算により自己の地位を保全することにより受領し得たのも事実であって、その金額が相当高額であったことに照らしても、その意味でも犯情は悪質である」と断罪している。私の受け止め方とまさに同じだ。

参考までに示すと、山田氏は〇二年六月の執行役員就任から一一年一一月までの間に四億九九〇四万円、森氏は〇六年六月から一一年一一月までの間に二億五一六五万円の役員報酬を得ている。

膨らみ続ける三社の債務超過額

さらに、この頃は、アルティス、ヒューマラボ、ニューズシェフなど零細三社を社内で積極的にアピールする動きが強まったことを私は深く憂慮した。

ITXと違って、菊川氏はこれらの三つのベンチャー企業を本気で育てようとしているようだった。〇九年三月期の五五七億円の減損計上で経営責任を問われることも気にしたのだろう。各社とも売上高が数億円規模で債務超過にもかかわらず、財務部門からどんどん融資を行い、事業を拡大させた。三社向けの運転資金は一二年三月末で三社合計で一六〇億円に達し、債務超過額は一三六億円に拡大した。

アルティスは、長野県宮田村にある旧顕微鏡工場を転用し、大型の医療廃棄物油化プラントを建設した。ニューズシェフは、本社モノリスビル一四階のカフェテリアに電子レンジ食品の自動販売機を設置し、ワンコイン五〇〇円で昼食に活用するよう、従業員に推奨された。ヒューマラボは、イントラネットの社内報で大々的に社員ユーザーの声を紹介する連載を組んで、たびたび、事業場での集団購入を募った。

しかし、アルティスは、産業廃棄物の分野でいろいろとヤクザなどの反社会勢力と接点があり、関西地域での営業展開は自粛しているような有様だった。ヒューマラボは、原材料の仕入れ先にヤクザが絡んでいるとの噂があった。

確かに、オリンパスは顕微鏡、カメラ、内視鏡に続く新規事業を立ち上げる必要はあった。しかし、粉飾決算の解消と新規事業の立ち上げという「二兎」を追うことはそもそも無理だった。巨大な秘密を抱えながら、企業経営に全力でアクセルを踏むことはできないのだと思う。

三社への異常なまでの肩入れは、明らかに菊川社長の暴走だった。私は、「なんとか、この暴走を止めなければ」と決意を固めた。

この時点で、私に経営陣を追及する材料があったわけではない。三社の株式買い増しの取締役会資料は目にしたが、オリンパスがそれら三社の株式を「誰から購入したのか」分からないと、背任行為かどうか判断しようがなかった。

私は、過去の有価証券報告書、新聞記事、社内資料を読み込み、その秘密を解き明かそうとした。有価証券報告書からは、二〇〇〇年三月期に、特定金外信託を処理し、投資ファンド三〇〇億円に振り替えているのが目に入った。〇〇年五月一八日付の日経新聞の記事には、オリンパスが二〇〇〇年三月末にベンチャー企業向けファンドに三〇〇億円を投資したことが書かれている。その出資先のファンドは、くだんのGCNVVである。

うかつなことに、私には、アルティスなど三社とGCNVVが結び付かなかった。この三社はホームページで株主を公表していたが、すでに出資の九九％はオリンパスであり、それ以前の株主を示す資料は皆無だった。もちろん、〇七年九月のGCNVV清算後、オリンパスが三社の株式を引き取ったことに思いを至らせれば、分かるはずだったが、私はそこまで頭が回らなかった。

しかし、それも、ひょんなことから判明した。ある社内の人物から、これら三社の株式は横尾氏のグローバル・カンパニーから入手したとの情報を得たのだ。

ほとんど価値のない零細三社の株式を七〇〇億円で買い取ったとなれば、七〇〇億円を丸々、横尾氏に供与したことになる。菊川氏は横尾氏に何を脅されているのだろうか？いずれにしろ、商法の特別背任罪を構成する要素は十分にあると感じた。

私は一〇月に入ると、知り合いにお願いして、グローバル・カンパニーの横尾氏のことを調査してもらった。彼は、登記簿を取得すると、早速、東京・八重洲の雑居ビルにある本社や、都内の横尾氏の自宅を見て回った。八重洲の雑居ビルは人がいる気配がなく、銀行の不良債権の飛ばしに使われたペーパーカンパニーのような怪しい雰囲気だったという。横尾氏の自宅は監視カメラ付きの豪邸だった。私は彼の撮影した写真を見て目を丸くした。

しかしながら、調査はそれ以上進展しなかった。彼は本業で忙しいうえ、この件に深入りすれば彼の身に危険が及ぶかもしれないと私が危惧したこともある。上場企業のお金が七〇〇億円も忽然《こつぜん》と消えたのだ。ヤクザなどの反社会勢力が絡んでいても不思議ではなかった。

この件は結局、私が友人であるファクタの山口記者に相談するまで、動きがパタリと止むことになる。

ウッドフォード氏の社長就任

二〇一一年二月一〇日、突然の発表があった。内容は、新社長についてだった。マイケル・ウッドフォードという取締役でもない欧州法人社長の英国人だったことには驚かされた。経歴を見ると一七歳で英ミルバンク・ビジネススクールを卒業とある。学歴社会の日本にあって、高卒の東証一部社長は珍しい。よほど、力量のある人物なのだろうか。

社内の下馬評では、次期社長は森氏だった。それがなぜ、ウッドフォード氏になったのか。

私なりに菊川氏の気持ちを想像してみる。菊川氏が背負い、さんざん苦労して克服した一〇〇〇億円超の隠れ損失は、そもそも、運用担当者の森氏が財テク失敗で生じさせたものだった。森氏は菊川社長の右腕としてよく仕えてくれたのは事実だが、心のどこかで許せないと思っていたのではないか。それよりも、欧州法人で果敢な攻めの経営を行い実績をあげてきたウッドフォード氏のほうが、これから、グローバル企業として飛躍するには適任に思えた。しかも、彼は、その前の年の欧州ＩＲで見せたように、日本的な心配りのできる人物であった。

一方、森氏は人事に不満だとしても、秘密を共有する「同じ穴のムジナ」なのだから、菊川氏を後ろから刺す心配はない。ウッドフォード氏が果敢なリストラをして、会社の経営が安定してから、森氏を社長に据えてもよかった。いずれにしても、菊川氏は実力会長として目の黒いうちは院政を敷くつもりだったのではないだろうか。

内部監査部門の切り離し

二月一二日には、「グループ経営体制の強化に向けた組織変更と人事発令」が社内で発表された。ウッドフォード新体制のための機構改革で四月一日付で実施される予定だった。

様々な組織変更があったが、注目したいのは、森氏所管の経営企画本部傘下の財務戦略部と山田氏所管のコーポレートセンター傘下の財務部に分離していた財務機能が一本化され、コーポレートセンター内の「財務本部」となったことだ。「飛ばし」の最終処理を終えたことで、財務として本来の機能を発揮する体制にしたということだろう。

また、これまで、社長直轄だった監査室が、菊川会長の直轄となった。監査室は経営者の指示を受け、内部監査を行う部署である。この組織は、山田氏の手先となって社員の秘密を暴き、弱みを握るので、「ゲシュタポ」と恐れられていた。菊川氏直轄となったのは新社長のウッドフォード氏に、粉飾決算に関わる情報が漏れるのを警戒したための措置と私は考えている。

アルティスなど三社を管理する新事業関連会社統括本部はOBCCとともに社長直轄となり、その担当役員として粉飾決算に関わったコーポレートセンター長の中塚誠執行役員が就任した。こちらも、ウッドフォード氏に対する防護壁の役割を期待されていた。

監視される社内メール

菊川体制に疑問と不満を持ち、行動しようと思っていた人間はごくわずかながら社内に存在した。しかし、ウッドフォード氏の社長就任の発表と当時に、これらの人物はどんどんと重要なポジションから外されていった。みんな、本社から出されたり、海外に異動させられたりした。ウッドフォード氏と直接連絡することを警戒したのだろう。

社内メールもほぼ確実に監視されていたと思っている。オリンパスの電子メール閲覧規定では、「情報漏洩関連やインサイダー取引、セクハラ、職務専念義務違反、従業員の誹謗中傷等」を理由とし、部長以上が従業員のメールを閲覧する権利を与えられていた。閲覧許可権限者は、人事部長である。山田氏の意向でどうにでもなる。

ある同僚は役員に一連の投資の不可解さについて指摘したが、「自分の居室では話をしないでほしい」と言われた。部屋に盗聴器が仕掛けられている恐れがあるというのだ。2ちゃんねるの書き込みでも指摘されているとおり、山田氏の「ゲシュタポ」諜報網は、十分に注意すべきものだった。

内部通報窓口である「コンプライアンスヘルプライン」も、「飛んで火にいる夏の虫」になる可能性が大だった。ウッドフォード氏に直接連絡を取ろうかとも考えた。しかし、彼が「菊川の犬」でないという証拠はどこにもなかった。社内の友人に相談しても、「彼が真に受けてくれる保証がどこにあるのか。彼は菊川に指名された人物なんだぞ」ときつく戒められた。

ファクタの山口義正氏に相談しようと考えたのは、そんな時期だった。

山口氏はジャーナリズム魂に溢れた人間だが、しがない宮仕えの私と不思議とウマがあった。一緒に酒を飲みながら、カメラの話から、口角泡を飛ばす時事問題にまで話は及んだ。ハイキングやスキーも共通の趣味で、彼に尾瀬に連れて行ってもらったのは前述した通りだ。当初は、単なる飲み仲間、遊び友達だった。

一方、私の菊川体制の追及は完全に袋小路に陥っていた。手元にあるのは、一枚の取締役会資料だけだ。大手のマスコミに持ち込んでも、話を聞いてもらえる保証はない。オリンパスはあずさという超一流の監査法人が三〇年以上にわたって会計監査をしてきた東証一部の上場企業である。その後任の新日本もまた超一流だ。オリンパス側でも、アルティスなど三社の買収に関して第三者委員会の意見を取得し、監査法人を煙に巻くなど完璧な防護壁を築いていた。仮に私が告発しても、森氏らが「すでに第三者委員会で調査してもらっており、問題はありません」と切り返せば、それ以上の追及はできず、私は討ち死にする可能性が高かった。

雲を摑むような話とはまさにこのことだった。酒の席で彼に相談したのはそんな時だった。彼は日経新聞の証券部記者からフリーに転じたのち、名刺代わりに、一冊、自身の存在を世に問えるような本が書きたいと考えていた。彼は、大手マスコミのサラリーマン記者とは違い「ハングリー精神」が旺盛だった。そのため、すぐに私の話にのってきた。関連資料の提供を求められた私は、都内のレストランで彼に手渡した。二人が「ルビコン川」を渡った瞬間だった。世情は三月一一日発生の東日本大震災と福島県の原発事故で揺れていた。半年後、オリンパスも激震に見舞われることになる。

7 長期の損失隠しを可能とした背景

オリンパスの企業統治

ここで、オリンパスの企業統治（ガバナンス）体制について話したい。オリンパスが長年にわたり、損失隠しを行うことができた理由を理解してもらう一助になるからだ。

企業統治とは、簡単に言うと、企業は誰のもので、どうやって会社に規律を持たせるかという問題である。欧米、その中で特に英国や米国は、「株式会社は株主のものである」と明確に規定し、株主総会で選ばれた株主の代理人である取締役が経営陣を監督・指導し、株主価値の最大化を目指す構造となっている。

それに対して、日本では、「企業は社会のものである」という意識が強く、それは株式会社にも適用される。社会とは、顧客、取引先、行政、従業員、債権者、株主などから構成される。

こうしたことを背景に、日本型企業統治には、①従業員の終身雇用と企業内労働組合、②取引先との株式持ち合い、③メーンバンク制度――の三つの特徴があると言われる。

この方式は、長期的な視点から経営ができるという利点がある。日本企業の得意なものづくり能力の構築には時間がかかる。短期的な利益を追求しがちな株主からの影響を排除できるので、日本企業に合っていると言える。

しかし、一方で、近年は短所も目立ってきた。最大のものが、経営に対する監視の目が弱くなっていることだ。まず、経営に対して目を光らせてきた労働組合だが、中国などの労働コストに対抗するため、工場を中心にどんどん正規社員を減らし、契約社員や派遣社員に置き換えた。そのため、組織率が下がり、経営に対する発言力が低下した。

株主総会は、株式持ち合いのおかげで、株主でもある取引先企業はものを言わない。どの企業も多かれ少なかれスネに傷を抱えており、お互いその傷に触れられたくない。総会は、毎回無風で、社長が簡単に子飼いの部下を取締役に指名できてしまう。メーンバンクは、企業の自己資本の厚みが増したうえ、超低金利政策によるカネ余りで、企業に頭を下げて借りてもらう始末だ。

オリンパスは典型的な日本企業であり、この三つの特徴が顕著に表れていた。工場では今や正社員の比率は二割程度で残りは請負や契約社員だ。一時、最高で約七〇〇〇億円の借金があり、メーンバンクへの依存度は高かったが、医療事業が毎年一五〇〇億円のキャッシュフロー（現金収入）を生み出すので、むしろ、貸し倒れリスクのない優良貸付先として優遇されていた。

株式持ち合いだけは、一時、危機があった。株式持ち合い比率は一九九〇年代は五割を超えていたが、金融機関の持ち合い解消により二〇〇四年三月期には四割を割った。その結果、〇四年九月に、米国のアクティビストファンド「サウスイースタン」が突然、大株主に浮上した。サウスイースタンは、〇五年二月に起こったライブドアによるニッポン放送の買収劇で、時間外取引でライブドアにニッポン放送株を売却したことで知られている。慌てた経営陣は、〇五年八月、親密企業のテルモと一五〇億円の資本提携を実施した。表向きは医療機器分野における業務提携だが、内実は株式持ち合いによる買収防衛策である。その後二〇一二年にソニーの資本参加や、海外における増資もあったが、直近でも持ち合い比率は五割を維持している。

こうなると、経営陣のやりたい放題だ。もちろん、株主への情報開示は、最低限しか行わない。メーンバンクも借金をきちんと返済さえすれば、うるさいことは言わない。こうした環境が、隠蔽体質を助長した。

硬直した人事制度と情報の分断

硬直した人事制度もオリンパスの特徴である。兵器にも使う光学機器を製作していたため戦前から国策会社の色彩が強く、戦中は陸軍、海軍の指定工場だったうえ、戦後も経営陣に軍人出身者が少なくなかった。そのため、指揮命令系統は基本的に軍隊式である。経営層の下に、E格と言われる士官層がおり、さらにその下にいるP格、S格と言われる兵隊層は、指揮官の指示のもと、一糸乱れぬ行動を求められる。

このやり方は、工場や医療事業では効率が良い。工場では上長の指示に従いマニュアル通りに働くことが必要だ。医療事業も、内視鏡はオリンパスが支配する市場であり、病院における内視鏡の入れ替え時期を筆頭に、事業の将来予測性が極めて高い。薬事法の関係もありこちらもマニュアルを遵守することを求められる。このような組織には軍隊式が一番適している。

経営層とE格、E格とP格、S格の間の「情報の分断」も風通しの悪い社風につながっている。情報はまず、経営からE格に伝えられ、そこから、必要に応じて各職場に展開される。経営階層のフラット化が進んだ他の企業では、重要な経営情報はイントラネットで、国内外の社員に瞬時に伝えられることも珍しくないが、オリンパスの場合は、経営層と末端社員の距離が極端に遠い。だから、巨額のM&Aや損失が発生した場合も、経営がE格に説明をしなかったり、E格自身が経営の空気を読んで情報を止めてしまえば、一般社員にはその理由や背景が全く伝わってこない。

オリンパスの人材登用方法

本社部門では、過去十数年間、損失隠しに役立つ人間が優先的に登用され、不満を持つ人間は退社したため、人材の質も極端に悪化した。能力の明らかに不足している人物も、損失隠しに役立つと見れば、その同僚や部下の成果を付け替えてE格に登用した。E格になれば、年収は一〇〇〇万円を超えるから、こうした人物は経営に絶対的な忠誠を誓うようになる。

オリンパスは中途採用を積極的に行っており、たとえば経理部では公認会計士の資格を持つ人物が採用されたりしている。しかし、成果を横取りされるだけなので、すぐに辞めてしまう。本社部門での中途採用社員の定着率の悪さにはこうした背景があった。

ここで、何人かの人物を紹介したい。まずは、ジャイラス買収の実務を担った経営戦略部のN氏である。三重県出身で関西の名門私大を卒業し一九八四年にオリンパスに入社。本社の経理部や米国法人勤務後、九七年にいったんオリンパスを辞め、米大手電機メーカーに勤務した。その後、森氏に誘われ、二〇〇〇年オリンパスに再入社。二年間の米国法人での勤務後、〇二年一〇月に総合経営企画室（経営戦略部の前身）に異動し、M&Aなどに関わってきた。

最初にオリンパスを辞めたのは、家庭の事情があると社内では言われている。こうした経緯にもかかわらず、再入社できたため、当然のごとく、森氏への忠誠心は強く、森氏からも「私の右腕」と呼ばれていた。彼は米国勤務により英語が堪能であった。また、経理部にいたので、経理の知識があった。そのため、ジャイラスの買収を任されていた。

損失解消に利用されたアルティス、ニューズシェフ、ヒューマラボの三社を管理していた新事業関連会社統括本部企画統括部長のS氏も同じような経歴の持ち主だった。「新事業関連会社統括本部」と聞いて、読者は思い出すかも知れない。そう、先に登場した不可解な取締役会資料を作成した本人である。

S氏は八三年にオリンパスに入社し、その後三年強米国に勤務。人事の不満から九七年にいったん、オリンパスを辞める。しかし、森氏や先に再雇用されたN氏に誘われて、〇四年にオリンパスに再入社した。そして、アルティスなど三社の事業計画の作成や運営を任された。三社の買収には疑問も抱いたようだが、ひたすら森氏に忠誠を尽くし、順調に出世した。

M氏は八四年にオリンパスに入社し、人事部や宣伝部を経た後、〇六年から企業法務部長となった。森氏の大学の後輩である。彼は、経営側の人間でありながら、監査役会の事務方も務めた。その地位を利用し、〇九年の松本第三者委員会設置の際には、経営側に都合の良い報告書の作成に尽力したのは前述した通りだ。彼には監査役が経営に対しておかしな動きを見せないように、監視する役割もあった。

このように損失隠しに関しては、八〇年代前半から中盤に採用された五〇歳代の部長級の幹部職員たちが深く関与していた。これらの幹部職員たちは〇八年三月期に三社とジャイラスの買収が完了すると一斉に昇格した。幹部職員の人事を決めるのは、菊川社長と山田専務の役割であった。

三社に出向したオリンパス社員も、各社社長を筆頭に、それぞれ菊川氏、山田氏、森氏に忠誠を誓う人間たちだった。中には医療機器の備品横流しや、セクハラの噂が絶えないといった素行が問題視される人物もいた。

取締役会、監査役会、監査法人の無力化

このような状態だから、経営をチェックする取締役会、監査役・監査役会は容易に無力化された。取締役会は一九九九年六月に藤井専務が辞任して以降は、飛ばしを黙認するか、その仕組み自体が理解できない人物で占められた。社外取締役はいたが、その中には、元パリバ証券債券部長の林純一氏のように、飛ばしを手助けしていた人間もいた。監査役は、取締役になれなかったオリンパス従業員が社長に指名されるのだから、チェック機能は働かない。

監査法人については、あずさ監査法人の佐々氏だけはプロフェッショナルとして仕事をしたと評価はできる。菊川氏、山田氏を辞任に追い込もうとするだけの気迫はあった。しかし、悲しいかな、日本では監査法人は雇い主である会社により簡単に解任されてしまうのである。その後を引き継いだ新日本監査法人は、最初からプロフェッショナルとしての自覚に欠けていた。監査は形式だけの緩いものだった。

8　月刊誌ファクタの追及

「犯罪の匂いがする」

その後の展開については、山口氏の著書『サムライと愚か者　暗闘オリンパス事件』（講談社、二〇一二年）やウッドフォード氏の『解任』（早川書房、二〇一二年）に詳しいからそちらを読んでほしい。資料を渡した後は、基本的にやることもなく、後は、山口氏が記事にするのを待つだけだった。

彼からは適宜、週刊誌などへの売り込み状況について話を聞いたが、当初はなかなか色よい返事をもらえなかったようだ。理由は二つあったように思う。一つ目は、「オリンパスは内視鏡で世界シェア七割を持つ国際的な優良企業であり、おかしなことをするはずはない」という世間やマスコミの先入観だろう。人の命を救う内視鏡を真面目な社員が開発、製造、販売している「良い会社」というのが世間一般のイメージだった。NHKの大河ドラマ『篤姫』で主役を演じた宮﨑あおいさんが、デジタルカメラのCMにも出ており、女性へのウケもよかったはずだ。フリージャーナリストの持ち込み案件なら、「会社を揺さぶる目的の『ためにする』話なのではないか」と編集者が疑うのはもっともなことだ。

二つ目は、企業のM&Aやのれんが関わった高度の会計知識のいる案件だったことがある。基本的に財務諸表を読むことができないと、記事を書くことができない。山口氏は色ごとや事件にはめっぽう強い大手週刊誌の編集部にも売り込んだらしいが、案の定、担当デスクは内容を全く理解できなかったらしい。

彼は行きつけの居酒屋で「どこも取り上げてくれないんだ」と私に愚痴をこぼした。「キヤノンの御手洗（冨士夫）さんや、富士フイルムの古森（重隆）さんに比べて菊川社長はキャラが立たない」ともぼやいた。確かに、オリンパスは売上や従業員の規模で言えば、業界で二番手、三番手の企業だ。財界活動もやっておらず、カリスマ経営者もいない。CMも控えめだ。マスコミ受けしない企業と言ってよいかもしれない。

しかし、私としては、企業買収の形で七〇〇億円のお金が正体不明の会社に消えている事案なのだから、きちんと筋道を立てて記事を書く機会さえ与えられれば、日本のどこかに関心を持つ人はいるはず、と繰り返し山口氏を励ました。

山口記者が月刊誌ファクタの阿部重夫編集長を訪ねたのは、そんな閉塞感の漂うときだった。『サムライと愚か者』に書かれているように、阿部氏は日経新聞出身で、記者としての嗅覚が天下一品であることはもちろん、金融部、証券部に在籍していたため、企業の財務諸表が読めるという強みがあった。山口氏は売り込みの際、阿部氏に例の零細三社買収の取締役会資料を見せたのだが、阿部氏は即、「犯罪の匂いがする」と反応したという。記事掲載が決まったときの山口氏からの電話は、いかにもうれしそうだった。私は阿部氏の感覚の鋭さに驚かされると同時に、果敢にリスクテイクするジャーナリスト精神に感銘を受けた。

ファクタは、二〇一一年六月二四日、オリンパスの広報・IR室（現広報・IR部）に零細国内三社と英ジャイラス社の買収に関連して、「オリンパスM&Aについての質問状」を送付した。ここから、私、山口記者、ファクタの阿部編集長の闘いが始まることになる。

記念すべき記事そのものは、同年七月一八日にファクタのオンライン版に「オリンパス『無謀M&A』巨額損失の怪」として配信されたのち、二〇日発行の八月号に掲載された。山口氏は、記事の内容に間違いがないように、事前に原稿を私に確認したが、日経証券部出身の彼にとっては、こうした記事はお手の物のようで、特に大きな手直しは必要がなかった。横尾弟のグローバル・カンパニーが関与するオリンパス本体の投資案件と、横尾兄のITXが関与する投資案件の関係が複雑だったので、それを示す図表を手直ししてもらったぐらいである。

記事の中では、零細三社の買収の件だけでなく、ジャイラス買収に伴う巨額のFA手数料、あずさ監査法人や米国法人担当の海外の監査法人がのれんを問題視していること、さらに、疑惑の横尾兄弟にも触れられており、「必ずや世間で話題になるだろう」という内容に仕上がっていた。

記事への社内の反応

ところが、蓋を開けてみると、世間はこの八月号の記事に全く反応を示さなかった。記事が出た直後の七月一九日のオリンパス株価は前週末比二円高の二六三五円で、その後も底堅い展開だった。オリンパスからは、何の抗議もコメントもなかった。ファクタでは、会社からの訴訟提起に備えて弁護士と対応策を協議していたようだが、肩透かしを喰らった格好だった。

むしろ、オリンパスが世間の話題になったのは、東京高裁で八月三一日に、配置転換の無効を訴えていた内部通報者の浜田氏に対し逆転勝利判決が下されたことだった。

山口氏はその後、第二弾の追及記事「オリンパスの『尻尾』はJブリッジ」を書き、九月一八日配信のオンライン版一〇月号で世に問うたが、やはり、べた凪が続いた。九月二九日になって、J－CASTニュースが「オリンパスのごたごた続き　名門企業に何が起きているのか」という記事を配信した程度だった。その記事への書き込みもわずかに七件で、「ゴタゴタに仕立てた、って感じの記事ですね。買収は三年も前のことで、何をいまさら……」と否定的な内容が目立った。

しかし、オリンパス社内では、ファクタの一連の報道に対して、確実な反応が出ていた。六月二四日付の質問状を受け、オリンパス側では、森副社長、中塚・川又両取締役、経営企画本部長兼広報・IR室長のN氏らが、法律顧問の森・濱田松本法律事務所パートナーの宮谷隆弁護士と一体になって、対応に当たり始めていたのだ。

ウッドフォード氏の解任

山が動いたのは、一〇月一四日のことだった。この日の朝九時からの取締役会で、ウッドフォード氏が社長を解任されたのだ。菊川氏はウッドフォード氏を解任後、副社長の森氏と森嶌氏を伴って東証で記者会見を行い、その結果、株価は暴落を始めていた。私はすぐに山口氏にメールで連絡を入れた。彼は、解任されたのは菊川氏で、まさか、ウッドフォード氏とは思っていなかったようだ。

ウッドフォード氏の『解任』によると、彼は七月、独ハンブルグに滞在中に知人からメールでファクタの記事について通知され、日本でその詳細な内容を知った。さらにファクタ一〇月号の記事に背中を押される形で、正式に会長の菊川氏や森氏らの責任を追及し、この日の朝の取締役会で返り討ちに遭っていたのだ。

その日は、ファクタの一一月号の校了日だったが、解任を受け、山口氏は掲載予定のオリンパス追及第三弾の記事を手直しした。しかし、解任の詳細は不明だった。

その週末に、英フィナンシャル・タイムズ（FT）紙にウッドフォード氏の告発記事が掲載され、世界的な金融スキャンダルとなる。私は家族とレストランで食事をしていたが、山口氏から携帯電話で連絡を受け、非常に緊張した気持ちになったのを覚えている。

週明け以降も、株価の暴落は止まらなかった。会社側は、森・濱田松本法律事務所の宮谷弁護士らと対応を協議した。しかし、問題はオリンパス側にあり、森・濱田は二〇〇九年の第三者委員会で事務方として「共犯」になっているのだから、よいアイデアが出るはずもなかった。それどころか、森・濱田の指示により、「ウッドフォード氏の行動の問題点を挙げてください」とするメールを本社幹部に一斉送信した。その回答をもとに、一〇月二四日、「社員の皆さんにお伝えすべきこと――MCW（マイケル・C・ウッドフォード）取締役の振る舞いについて」とする菊川社長メッセージを配信し、「MCW取締役の常軌を逸した行動が止まりません」などとあらん限りの言葉で、誹謗中傷した。醜いことこの上なかった。

奇怪な「闇株新聞」

ウッドフォード氏解任前の一〇月一三日には二四八二円だった株価は暴落を続け、二四日には一時一〇一二円まで下がった。しかし、マスコミの追及にも会社は「不正は一切ございません」の一点張りだった。菊川氏は、オリンパスの労働組合に対しても「天地神明に誓って不正はしていない」と嘘をついた。そうした混乱の最中の一〇月二四日、ネットに奇怪な記事が掲載された。正体不明のブログ「闇株新聞」の「オリンパスの闇・第二幕」と題する記事だった。私は当時、毎日、ヤフーファイナンスのオリンパス株の掲示板をチェックしていた。個人投資家などが連日、膨大な数の書き込みをしていた。大半は、「便所の落書き」レベルだったが、この闇株新聞へのリンクは注目に値した。

「つい最近まで『財テク失敗』の後始末を『密かに』続けていた上場会社があったようです。それがオリンパスです」という内容だった。

「内視鏡事業が好調で、『損失先送り』を続けていく体力があったのですが、逆に二〇〇八年にリーマンショックで多くの上場会社が巨額損失を出すのにまぎれて、ほとんど実体のない事業会社三社を合計七〇〇億円で買収して即償却したのと、今回のジャイラス買収に際して支払った七〇〇億円の『巨額報酬』で一気に『最終処理』したつもりだったのでしょう」

「バブル期の一九八〇年代から延々と、トップ主導で、財務担当役員やごく一部の財務担当者の間でひそかに『処理』され続けてきたのです。その間の社長は下山氏、岸本氏、菊川氏の三名だけで、多分次は森久志・副社長に引き継がれるはずだったと思われます」

私は、はたと膝を打った。ヤクザなどの反社会勢力に買収資金が渡るにしても七〇〇億円は巨額すぎる。でも、「飛ばし」の穴埋めなら辻褄が合う。

ブログには、金融コンサルタントの佐川肇氏のほか、その上司である中川昭夫氏についても「N氏」として言及していた。私はすぐに山口氏にメールを送った。山口氏は阿部編集長に連絡したらしく、同日の深夜に「野村の元オリンパス担当、S氏の独り言」というファクタの編集長ブログが掲載された。S氏は野村證券の元ディーラーで、その後、バリバ証券、UBS証券、ペインウェバー証券を渡り歩いた人物だ。

「S氏は、九〇年代にはじけたバブルの損失の後処理をオリンパスがしていなかったとしており、それが雪だるま式に膨らんで、この巨額の背任M&Aにいたったと書いていますが、これはFACTAの見立てとほぼ一致している。個人的な横領と見るには、抜いた額が巨額すぎるからだ」

このブログ記事を境に、オリンパスの一連のM&Aと巨額の損失は、過去の「飛ばし」

が背景にあるというコンセンサスがマスコミ、金融市場、当局の間で出来上がっていった。英FTや米ニューヨークタイムズ、ロイター、ブルームバーグなど海外メディアは、香港や米国に潜伏している中川氏や佐川氏を直撃取材するなど、追及の手をますます強め、オリンパス経営陣は追い詰められていく。一〇月二六日には菊川氏が社長を辞任し、後任に子飼いの高山修一専務が就任した。

一一月六日、菊川氏、山田氏、森氏は、メーンバンクである三井住友銀行の国部《くにべ》毅頭取と清水喜彦専務に、損失隠しとその処理について事前に説明。翌七日には、高山修一社長や第三者委員会に、損失隠しをしていたことを自白した。八日にオリンパスは損失隠しを公表した。

銀行は何を知っていた?

ここで、少し話が脱線するが、メーンバンクの三井住友銀行と三菱東京UFJ銀行について指摘しておきたい。彼らは、一連の「飛ばし」や粉飾決算について、本当に何も知らなかったのだろうか。

銀行は、①海外の簿外ファンドへの資金供給、②簿外ファンドや金融コンサルタント間の資金の決済――の二点から、粉飾決算と密接な関係があった。彼らの役務提供がなかったら、粉飾決算は実行できなかった。

まず、ジャイラスの買収については、手元資金だけでは二一〇〇億円の買収資金を賄うことができないため、三井住友銀行から二五〇〇億円を上限に借り入れた。三井住友銀行では、本店のコーポレート・アドバイザリー本部、シンジケーション営業部、それに、新宿西口法人営業第一部が買収に関わっていた。

オリンパスは、三井住友銀行の融資を受け、二〇〇八年二月一日にジャイラスを買収した。問題は、同年九月のジャイラスのワラントの買い取りだ。

オリンパスは九月三〇日、アクシーズ・アメリカの佐川氏が経営するケイマン籍のAxam Investmentから、ワラントを五〇〇〇万ドル（約五三億円）で買い取った。その際に、三井住友銀行にあるオリンパスの口座から、バンクオブニューヨークに送金しているが、受取人がケイマンの「Caledonian Bank」、その受取人宛ての連絡事項が「Axam Investment」となっている。なぜ、三井住友銀行はこの時点で「何かおかしくないか」と不審に思わなかったのか。

二〇一〇年三月のジャイラスの六〇〇億円の優先株の買い取りでは、オリンパスは三菱東京UFJ銀行から借金した。オリンパスはその資金を元に、英国にある金融子会社「Olympus Finance UK（OFUK）」を増資し、ロンドンの三菱東京UFJ銀行にあるO

ＦＵＫ口座から、ドイツ銀行と英バークレイズ銀行のＯＦＵＫ口座に三月二二日と二三日にそれぞれ四・三億ドル、二・三億ドルを送金。この両行からバンクオブニューヨークのCaledonian Bank の Axam Investment に、三月二三から二五日の三日間にわたり、計六・二億ドルを振り込んだ。なお、これらの決済にはオリンパスのＳ財務部長が深く関わっていた。

この資金を元に、佐川氏は、シンガポール在住の台湾系中国人チャン・ミンフォン氏の協力を借りながら、オリンパスの簿外ファンドを解消し、そのお金は、二〇一〇年九月二二日と一一年三月二四日にそれぞれ三一五億円ずつ、三井住友銀行にあるオリンパスの口座に還流した。この取引はマネーロンダリング（資金洗浄）以外の何物でもない。

普通の銀行マンであれば、ジャイラスの優先株の買い取り代金と自分の銀行に振り込まれた巨額の資金がほぼ一致するのだから、「これは何か、裏事情があるのではないか」とピンとこなければおかしいはずだ。事実関係だけを述べれば、ジャイラスの買収でオリンパスを担当した三井住友銀行新宿西口法人営業第一部長は前後二人おり、後のほうは、粉飾決算発覚後の一二年四月に京都北陸法人営業本部長兼京都法人営業第一部長に異動している。

上記のマネーロンダリングには、チャン・ミンフォン氏が在籍した独コメルツ銀行シンガポール支店やニューヨーク支店が関わっており、その結果、コメルツ銀行は二〇一五年三月に経済制裁国のイランとの金融取引事案などと合わせて、マネーロンダリングに関与した罪で一七六〇億円の罰金を支払うことで米司法省などと合意した。一方で、日本の銀行は全くのお咎めなしだ。世界中でテロが市民生活を脅かしているにもかかわらず、日本の金融や司法当局は、あまりにもマネーロンダリングに無頓着なのではないか。

損失隠しを公表

オリンパスは一一月八日の朝方に損失隠しについて東証に適時開示したため、株価は朝から暴落していた。社内は騒然としていた。私が懸念したのは以下の点だった。当時、まだ、財務諸表を訂正する前のオリンパスの自己資本は、二〇一一年九月中間期末で約一七〇〇億円、それに対してのれんなどが約二五〇〇億円あった。仮に、監査法人にのれんの一括償却を求められた場合、特別損失の計上で債務超過に陥る可能性がある。その場合、上場廃止になる恐れがあった。そうなれば、六〇〇〇億円を大きく超える有利子負債について、融資の条件となっている財務制限条項への抵触から銀行や生保からの返済要請が殺到し、資金繰り難から経営破綻する懸念も浮上していた。

株価はそうしたリスクを敏感に織り込み、一一日に四二四円の安値を付けた。

多額ののれんの扱いがどうなるのか、犯人探しに熱中するマスコミをよそに、金融市場ではその帰趨《きすう》に関心が集中していた。

9 見せかけの経営刷新と改革

救いの神様

この時、社内では注目すべき動きが起きていた。一一月一六日に、森・濱田が「オリンパスとの信頼関係が崩れた」として法律顧問を辞任し、後任に、ビンガム・マカッチェン・ムラセ法律事務所（ビンガム、現アンダーソン・毛利・友常法律事務所）が就いたのだ。

ビンガムはその五日前の一一日に、森・濱田と一緒に、森副社長へ二時間を超える聞き取りを行っていた。その聞き取りで森氏は、損失隠しの経緯、スキーム、関与者について説明している。しかし、ビンガムの関心点は、オリンパスのバランスシートの一点だった。

ビンガムは、「一番関心があるのは、バランスシートが引き続いているかということ。

マーケットもそれから当局も非常に気になっていると思う」と率直に述べている。つまり、「飛ばし」が姿を変えた架空ののれんや損失隠しに関わる架空の資産をバランスシートから取り除いた時に、債務超過にならないかどうかを、繰り返し、森氏に問いただしているのだ。

最終的にビンガムは、ジャイラスのFA手数料のうち、まだのれんとして資産に計上されている三一一億円については減損処理をしなければいけないが、ジャイラス本体ののれん一六〇〇億円は、毎期減損テストを行い評価が適正であり、減損は必要がないことを森に確認している。

オリンパスに乗り込んできたビンガムの坂井秀行氏は、倒産法制で著名な弁護士であり、千代田生命の更生管財人を務めたこともある。そのため、当初、メーンバンクの三井住友銀行とサブメーンの三菱東京UFJ銀行を始めとする債権者は、「ビンガムはオリンパスを破綻処理に持ち込むのではないか」と警戒した。銀行にとっては、「債権保全」が至上命題のためだ。しかし、坂井氏は一一月一一日の時点で、オリンパスが債務超過ではないことを確認している。坂井氏は破綻処理から「オリンパスを生かしたままの再生」に方針転換し、顧問弁護士として債権者と接した。そのため、メーンバンクも坂井氏に急速に歩み寄った。

一六日開催のオリンパスの金融機関向け説明会が波乱なく終わったのもそうした背景があったと私は理解している。

ビンガムの坂井氏は、いきなり修羅場に投げ込まれた高山・新社長にとって「救いの神様」となった。毎朝、八時四五分の始業時間前に一五階取締役室で、ビンガムの坂井氏と、オリンパスの高山社長、中塚・川又両取締役、K総務人事本部長、N経営企画本部長兼広報・IR室長、K経営戦略部長、H秘書室長をメンバーとした会合が開かれた。これが、損失隠し対応に関する事実上の意思決定の場になっていった。

「経営改革委員会」の本性

一二月六日、第三者委員会報告書が発表された。報告書では、「本件は、社長、副社長、常務取締役等のトップ主導により、これを取り巻く一部の幹部によって秘密裏に行われたものである」「経営の中心部分が腐っており、その周辺部分も汚染され、悪い意味でのサラリーマン根性の集大成ともいうべき状態であった」と断罪。旧経営陣の一新のほか、関係者の法的責任の追及などを求めた。

オリンパスは、翌七日、実に素早い対応を見せた。社外の有識者からなる「経営改革委員会」なるものを設置し、その「指導と勧告」を受けながら、経営の再建を進めると発表したのだ。また、「独立性を確保した利害関係のない立場にある弁護士」からなる「取締役責任調査委員会」、「監査役等責任調査委員会」を設け、現旧取締役や監査役、監査法人の責任を追及することも公表した。何も決められないオリンパスとは思えない反応だった。

当時は、ウッドフォード氏がプロキシーファイト（委任状争奪戦）を公言し、世間やマスコミもオリンパス追及の流れを強めていた。だが、この経営改革委員会の設置発表で、私は「主導権は再び会社側に握られた」と直感した。

タネを明かせば、この一連の委員会設置を提言したのは、ビンガムの坂井氏だった。経営改革委員会という「独立性の高い」委員会の提言を通じて、「経営改革」を進めるポーズをとることで、世間の批判を抑えるのが目的だった。その狙いは見事に当たり、メディアの論調は会社擁護に変わった。

オリンパスは一五日、経営改革委員会の委員として、西川元啓《もとよし》氏（弁護士、元新日本製鉄常務）、蛭田史郎氏（元旭化成社長）、河上和雄氏（弁護士、元東京地方検察庁特捜部長）の三人が選ばれたと発表した。選定に当たったのは、表向きは社外取締役の林田康男氏（順天堂大学医学部客員教授）、来間紘氏（元日経新聞専務）とされたが、実際には、西川氏は坂井氏の知人であり、蛭田氏は西川氏の紹介で委員となった。

ビンガムはその後も、「従業員責任調査委員会」などの各種委員会の設置を提言し、会社はそのアドバイスを受け入れていった。第三者委員会を使って、世間の目をくらませることは、オリンパスの得意とするところである。オリンパスに異論があるはずもなかった。ビンガムへの弁護士費用の支払いは二〇一一年一一月からの一年間で約一〇億円に達した。

「腐った中心部」の温存

残念ながら、ビンガムのアドバイスは、「腐った経営の中心部」を温存する方向に作用した。ウッドフォード氏との対立で崖っぷちに立たされていた高山社長は、坂井氏のアドバイスで金融団の支持を得て、息を吹き返した。高山社長は、経営改革委員会の事務局として、ジャイラスを使った損失解消スキーム構築で活躍したN氏を起用した。N氏は経営企画本部長で、森副社長の側近だった人物であるのは紹介した通りだ。

N氏は、二〇一二年二月に、東京地検特捜部の事情聴取を複数回にわたって受けているが、その中で、「私は、経営企画本部長として、平成二四年四月二〇日に開催予定の臨時株主総会の対策プロジェクトの一員となり、新経営体制と事業再建についての社内での検討の中心となっている」と述べている。各種委員会の事務局を束ねていた経営戦略部長のK氏は、森氏やN氏の直属の部下である。彼は、大手商社や部品商社を経て、〇八年七月にオリンパスに入社。損失解消の原資となった分析機事業の売却などをN氏と二人三脚で進め、森氏やN氏の厚い信頼を獲得した。

東証の上場維持決定の背景

東証は二〇一二年一月二〇日にオリンパスの上場維持を決めた。東証の公式コメントでは、「菊川氏ら歴代のトップは関わっていたものの組織ぐるみとはいえない」ことを理由に挙げていたが、オリンパスが上場廃止になったら困る銀行や海外投資家が奔走したのは間違いない。さらに、経済産業省などの行政も水面下で相当動いたと聞いている。オリンパスは、医療や生命科学の先端分野で、独立行政法人の理化学研究所や新エネルギー・産業技術総合開発機構（NEDO）から多額の補助金をもらい、様々な研究開発を行っている。オリンパスが上場廃止・解体され、万が一海外に売り飛ばされたら、日本の国益に関わるのだ。

その代わり、同日付でオリンパスは特設注意市場銘柄に指定され、内部管理体制の改善を進めることになった。東証の指定解除を目指すオリンパスの上場審査プロジェクトのプロジェクトリーダーには、M氏が就任した。M氏は、前述のように二〇〇九年の松本第三者委員会で森・濱田の宮谷弁護士と一緒に、企業法務部長でありながら監査役会の事務局を務めた人物である。

このように、N氏やM氏など、本来なら、新体制構築の際には排除されていなければならない人物が、主導権を握ってしまった。これが、再建途上のオリンパスの実態であり、その後も、企業統治やコンプライアンスで大小の問題が続く要因となった。

ウッドフォード氏の撤退

解任されたウッドフォード氏のほうは、海外投資家の支持を受け、プロキシーファイトを開始した。オリンパスの元専務である宮田耕治氏が、ウッドフォード氏を支援するインターネットのサイト「オリンパス・グラスルーツ」を立ち上げ、社員の支持を集めつつあった。

私はウッドフォード氏に対しては、申し訳ない気持ちだった。友人からのアドバイスではあったが、「彼は菊川の犬かもしれない」という言葉を信じて、事件が表面化する以前に、彼に接触することを控えていた。もし、事前にウッドフォード氏に一連の不可解な投資について伝えていたら、これほどの大騒ぎにならずに、穏便に事態は処理されていたのかもしれない、と一時考えたこともあった。

しかし、事件後数年が経過し、その全貌が見えてくると、やはり、私がジャーナリストである山口氏に情報提供したのが最善の措置だったと思っている。何しろ、代表取締役社長CEOのウッドフォード氏が解任されているのである。一介の社員である私がウッドフォード氏に接触してもできることは限られていただろう。菊川氏が「あの深町というのは、変わり者だよ」と言えば、それで終わりだった。それだけ、経営の中心部は腐敗しきっていた。

報道合戦が過熱する中、一二月末に私は山口氏から一通のメールを受け取った。ウッドフォード氏がプロキシーファイトから撤退するという内容だった。再建に欠かせない銀行団が、高山社長ら現経営陣の支持に回ってしまったこと、また、ウッドフォード氏の家族の肉体的、精神的な苦痛が限界に達していたことが理由だった。

ウッドフォード氏は、年明けにプロキシーファイトからの撤退を正式に表明した。その後、オリンパスは、高山社長ら現経営陣が舵取りすることになった。新経営陣は、二〇一二年一月一六日に設置された取締役会の諮問機関である「指名委員会」が選定することになった。指名委員会の委員は、経営改革委員会がアドバイスし、林田、来間の両社外取締役が任命された。事務局は、前述のように、N氏が本部長を務める経営企画本部が担う。損失隠しに使われたジャイラスの買収に関わった幹部職員が、新経営陣の選定に関与するという前代未聞の事態が進行していた。本来であれば、林田、来間の両氏は、社外取締役としてそのことを指摘し、N氏らを排除する立場にある。だが、なぜか、彼らはN氏らに

「神輿《みこし》」として担がれることに甘んじた。

次期社長候補は社内の下馬評では、当時の医療子会社「オリンパスメディカルシステムズ（ＯＭＳＣ）」の開発担当取締役であった田口晶弘氏が有力であった。開発出身で、ドイツでの駐在経験も長く、能力・人物とも優れているとの評判だった。巨額の有利子負債を抱えるオリンパスは、次の体制では、収益性の高い医療事業を中核に経営の立て直しを図る必要があったので、田口氏は適任と言えた。

しかし、二月二七日に会社が発表した社長候補は、ＯＭＳＣでマーケティング本部長の笹宏行氏であった。

その当時、オリンパスはマスコミの取材攻勢を避けるため、土日に西新宿の本社から一駅離れた渋谷区初台にある医療・科学機器の国内販売子会社の会議室に取締役や執行役員を集め、秘密会議を開いていた。その会議で、高山社長は一部の取締役からその経営方針について厳しい批判を受けていたが、それを良く擁護し、支えたのが笹氏だった。笹氏はジャイラス買収当時、ＯＭＳＣのマーケティング担当取締役として、同じくＯＭＳＣの経営企画担当取締役だった竹内康雄・現専務とジャイラスの統合作業を担当しており、本社側のジャイラス担当のＮ氏とは懇意にしていた。

一方、下馬評に上がった田口氏だが、粉飾決算に関与した幹部職員を厳しく処罰すべきことを繰り返し主張していた。指名委員会を補佐していたN氏が、そんな田口氏を高山社長に推すはずもなかった。このようにして、新経営陣は決まったと私は聞いている。

新経営体制の発足

二〇一二年四月二〇日の臨時株主総会の承認を得て、新経営体制は発足した。会長の木本泰行氏と専務の藤塚英明氏はそれぞれ、三井住友銀行と三菱東京UFJ銀行から送り込まれた。また、一一人の取締役のうち、社外が六人と過半数を占め、経営へのチェック機能が働いていることをアピールした。

新経営陣がまずしたことは資本増強であった。のれんとして資産に計上されていた隠れ損失を処理したところ、一二年六月末の自己資本は約二〇〇億円に減り、自己資本比率は二%と危機的な状況にあった。そのため、まず、一二年一〇月と一三年二月の二回にわたって、ソニーに対する第三者割当増資計五〇〇億円を実施した。

さらに、一三年七月一八日に金融商品取引法違反による会社への刑事罰（罰金七億円）が確定したことを受け、同月末に約一一〇〇億円の海外での公募増資を行い、資本を増強した。

一方、アルティィス、ヒューマラボ、ニューズシェフなど損失隠しの処理に使われた子会社の清算やITXの売却を進めた。これらの処理のため、三井住友銀行からオリンパス経営戦略部に「解体屋」と言われる部長級の人材が一二年四月から一三年七月まで送り込まれた。これらの不採算子会社を処理すれば、主力の医療事業の利益がきちんとオリンパスの連結決算に反映されることになる。

一三年六月一一日には、内部管理体制が改善されたことが東証に認められ、特設注意銘柄の指定が解除された。

合格点ギリギリの内部管理体制

こうしたことを好感し、株価は二〇一五年八月一二日に五〇四〇円を付けるまでに回復した。しかし、私は、オリンパスの改革は途上で足踏みしているか、むしろ後退しているのではないかとの危機感を強く持っている。

オリンパスは上場審査プロジェクトチームのもと、内部管理体制の改善を進め、一三年一月二一日に東証に内部管理体制確認書を提出した。しかし、私がコンプライアンス部門の担当者に聞いたところ、その出来栄えは一〇〇点中の六〇点から七〇点程度と及第点ギリギリだったという。

銀行や海外投資家、経産省からの強い上場維持要請に直面した東証は、おそらく及第点ギリギリでも良いから合格させ、後は、新経営陣のもと、さらなる内部管理体制の改善を進めてもらうつもりだったと思う。

だが、特設注意銘柄からの解除が決まった瞬間、オリンパス社内では、内部管理体制改善への動機は雲散霧消した。特設注意銘柄の解除から二年以上経過した今では、逆コースを辿り、二〇から三〇点にまで下がっていると私は感じる。当たり前だが、粉飾決算に関わった幹部職員の処分を極めて不十分なものにしたことが原因となっている。

関与社員の処分の実態

オリンパスは二〇一三年一月一八日の経営執行会議で不正に関与した従業員の処分を決めた。しかし、第三者委員会報告書で関与を示唆された従業員一七名のうち、懲戒処分されたのは、わずかに財務部員の一名のみだった。しかも、損失隠しの全容解明に「多大な努力をした」ことが評価され、一段階の降格にとどまった。一週間後の一月二五日に開催された取締役会ではさすがに取締役から、「処分はこれだけ?」という疑問の声が出た。

調査は、ビンガムの弁護士と経営戦略部が事務局となった「従業員責任調査委員会」が実施した。その調査結果によると、損失分離スキーム（ヨーロッパ、シンガポール、国内ルート）で二名、損失解消スキーム（国内三社）で五名、損失解消スキーム（ジャイラス）で五名の関与が認められたが、損失隠しと解消スキームの全貌を知っていたのはこの財務部員だけであり、残りは認識していなかったとの理由から、彼以外はおとがめなしとなった。内部統制が形骸化していた問題でも、「調査結果を評価する限りでは、そこに懲戒を検討すべき関与や行為は（不作為も含め）なかった」とされ、財務・経理・総務、また法務などのコンプライアンス部門の関与者は無罪放免となった。

日本取締役協会の緊急意見

一般社団法人日本取締役協会は二〇一一年一一月二二日、日本企業のガバナンス問題について、注目すべき声明文を発表している。「大王製紙、オリンパス問題における緊急意見」と題されたもので、両社が「我が国の上場企業におけるコーポレート・ガバナンスに対する内外からの信頼を大きく揺るがしている」と指摘。そのうえで、「当局及び当事者企業が行うべき厳正な処分とは、まずもって不正行為に関わった全ての有責関係者に対し、情実を挟むことなく、厳しく民事・刑事の責任を追及し公正なペナルティーを科すこと。そして今後の経営から徹底排除することである」と強調した。

オリンパスの場合はあべこべで、排除されるべき人間が新しい経営体制の構築に関わってしまったために、逆に社内規律の崩壊が加速してしまった。

　これが具体的にどのような結果を招くのか、オリンパスは格好の見本となっている。排除されるべき人間が居座ったことで、経営陣に対する一般従業員の信頼は、刷新後も回復することはなかった。居座った幹部職員同士は、後ろから刺されないように結束を固め、まともな社員を経営の中枢から排除していった。こうなると、誰も怖くて、正しいことは言わなくなる。その結果、経営の監督のために指名された社外取締役に正しい情報が入らなくなってしまった。

稲盛和夫氏の教訓

　私は、経営破綻した日本航空の立て直しに尽力した京セラ名誉会長の稲盛和夫氏の言葉を思い出した。日本航空に乗り込んだ直後、同社の幹部職員は、面従腹背を貫き、稲盛氏に対し数ヵ月も前の決算数字を出してケロッとしていた。それに対し、稲盛氏は、「そんなのは経営ではない。私はパイロットの経験はないが、飛行機のコックピットには計器がいっぱいあって、その計器を全部見なければ安全に飛べないはずだ」と叱りつけたというエピソードだ。

　稲盛氏の言葉を借りれば、今のオリンパスは従業員や株主、債権者、取引先を乗せたジェット旅客機にたとえられるかもしれない。パイロットである取締役たちは、医療事業の潤沢なキャッシュフローを燃料に、亜音速で飛行を続けている。しかし、コックピットの一部計器は巧妙に隠され、あったとしても正しい数値を示していない。

オリンパスの二〇一四年度アニュアルレポートの対談ページでは、大手メーカーの社長や会長を歴任したある社外取締役が「現状のガバナンス体制を点数で自己評価するのであれば、九〇点以上はつけられる」と語っている。これを読んだ時、私の疑念は確信に変わった。オリンパスの宿痾《しゅくあ》ともいうべき隠蔽体質に阻まれ、取締役に正しい情報は届いていないのだろう。あるいは、見て見ぬふりをしているのか。

その後も続く不祥事

二〇一五年に入り、それを象徴するような出来事が連続してオリンパスで発生した。

一つ目は、中国における贈賄疑惑だ。これは、朝日新聞のオンライン版が六月一七日付で報じたもので、二〇一六年三月二四日付の続報にはさらなる詳細が出ている。中国深圳市の保税地区で操業するオリンパスの深圳工場で、デジタルカメラ部品の輸入をめぐる税関トラブルを解消するために、現地のコンサルタント企業を通じて、税関当局に賄賂が渡ったのではないかという疑惑だ。

従業員の問題提起を受け、本社の監査役が事態究明に動き、一五年二月に社外取締役からなる社内調査委員会が立ち上げられた。社外の弁護士事務所が調査に当たり、取締役会は一五年一〇月末に調査結果を受領したが、未だに調査があったかどうかをも含めて公表されていない。

もう一つは、米国における十二指腸スコープの超耐性菌感染問題だ。これは、米ロサンゼルスタイムズ紙をはじめ、米各紙で大きく報道されている。米カリフォルニア大学ロサンゼルス校（UCLA）の医療センターで、超耐性菌に感染して死亡したという患者の遺族が一五年二月、オリンパスを相手取って裁判を起こしたことで事件化し、その後、全米で集団訴訟に発展している。

この二つの事案は、一二年四月二〇日の臨時株主総会で選ばれた現経営陣が関わっていることが共通点である。深圳の問題では、現地コンサルタントへ日本円にして約四億六〇〇〇万円が支払われたが、その支払いは、木本泰行会長、笹社長、藤塚・竹内の両専務が承認した。この件は、米司法省が米国外における腐敗行為を摘発する米海外腐敗行為防止法（FCPA）適用の観点から注視している。

十二指腸スコープの感染問題では、一五年八月一七日に米食品医薬品局（FDA）からオリンパスに警告書が出された。この警告書はFDAのホームページに掲載されているが、それによると、オリンパスはオランダで発生した患者の感染事例を一二年五月に把握しながら、ＦＤＡに対して義務付けられている三〇日以内の報告を怠り、一五年になって初めて報告したことが問題視されている。さらに、感染したスコープは、米ＦＤＡの薬事認可を経ずに販売されていたことも判明した。感染問題は、訴訟大国米国でオリンパスの大黒柱である消化器内視鏡事業が関係しているという点で、深圳の問題より深刻と言えるかもしれない。

こうした場合にこそ、経営に対するお目付役として、社外取締役の活躍が期待されるはずだ。しかし、なぜか、一五年六月二六日の定時株主総会で、木本会長、藤塚専務の二人の常勤取締役に加え、三人の社外取締役が辞任してしまった。何があったのか、会社からの公式コメントは何一つない。

10 総括

社会と乖離するオリンパスの「常識」

オリンパスは今でも社会に十分貢献している。内視鏡はガンの早期発見や体への負担の少ない低侵襲治療ができる利点から、中国やインドなどでも急速に普及している。オリンパスの生物顕微鏡は病院での病理検査や、国内外の一流研究所での最先端の再生医療の研究に使われている。工業用の顕微鏡は、食品や化粧品、鉄鋼メーカーなどの素材分析のほか、半導体や液晶の検査で活躍している。工業用スコープなどの非破壊検査機器は、航空機のエンジンや、橋梁・トンネルなど社会インフラの検査に欠かせない。創業者の山下長が一九一九年に抱いた「産業立国のために役に立つ会社を作りたい」という熱い思いは未だに会社の中で生き続けている。

しかし、二〇一一年、オリンパスは社会を大きく裏切ってしまった。その根本原因は、社長を筆頭とするオリンパスの人間たちの「私たちは社会に貢献している」という思いと、社会がオリンパスに期待するものが大きくずれてしまったことにある。

組織というのは人間の集合体である。コンピュータの登場とインターネットの普及によって、人間のつながりが容易になると同時に、組織の巨大化が進んだ。七六年創業の米Apple社はわずか四〇年で、従業員数一二万人、売上高二八兆円の会社になった。経済力は、ほとんど、一国家に等しい規模である。そのため、企業が社会に及ぼす影響はかつてないほど大きくなっている。

ここで求められているのは、企業が市民社会の一員として、法律やルールを守り、社会の規範となることである。巨大な企業が法やルールを破り好き勝手に行動したら、社会はめちゃくちゃになり、個人の権利は侵害される。

オリンパスは九九年以降、経営トップ自らが粉飾決算という違法行為に手を染めたために、その後、一一年に発覚するまで、健全な企業風土が育たなかった。「私たちは社会に貢献している製品を作っている。その会社を守る必要がある。そのためには粉飾決算も正当化される」という意識が無自覚に醸成された。そのことは、会社から民事訴訟で訴えられている旧経営陣が、頻繁に現役社員と懇親会を行い、会社を訪問していることに象徴されている。

この問題はオリンパスだけでなく、程度の差こそあれ、不祥事を起こしている日本企業ではよく見られる現象である。「私たちは良い製品、良いサービスを提供し、従業員を雇い、税金を払っています。それで何か文句がありますか？」という態度である。

確かに、エアバッグや血液製剤にしろ、それが多くの人の命を救っているのは事実だ。不具合が生じたとしても、犠牲者は全体の販売数から見ればごくごくわずかだ。メリットのほうが、それによって生じるデメリットをはるかに上回っている。しかし、企業の影響力がかつてないほど大きくなっているために、社会は企業に対して徹底した説明責任を果たすことを求めている。逆に言えば、説明責任を果たさない会社は、どんなに良い製品やサービスを提供していたとしても、社会から退場を求められることを意味する。

真の再生への処方箋

オリンパスはこれまで通り、得意のものづくりに励めばよい。しかし、同時に社会に対する説明責任を果たすことは、会社の存続には絶対条件である。

まずは、粉飾決算に関わった関係者の処分を厳正にすることである。なぜなら、粉飾決算は「社会の一員として社会に寄り添う」ことをオリンパスが拒絶した象徴的な出来事であるからだ。厳正な処分によって再発防止を明確にすることは、真の再生に向けて一歩踏み出すのに不可欠である。

第三者委員会報告書では一七人が関与者として認定された。さらに、検察、警察、証券取引等監視委員会の捜査により、膨大な関与者が事情聴取された。それらの人物は、厳正な再調査のうえ、解雇を含む懲戒処分をするほか、重要なポジションから外すことが必要だ。オリンパスのように、懲戒処分の対象者がたった一人であったり、関与者が経営企画本部長や法務部長、人事部長の要職についていてはならない。

そして、経営者は事件とその後の処分について、社内外に説明責任を果たすべきである。

信賞必罰を明らかにすることによって、初めて社内に規律がもたらされ、様々に構築された内部統制が有効になる。

もしもそれができないというなら、その経営者は即時に辞職すべきだ。「私は社会と寄り添うつもりはありません」と宣言しているに等しいからであり、規律の低下で新たに不祥事が起こるのは自明だからだ。経営者に求められているのは、専門性ではない。常識力である。

求められる説明責任

内部通報というのは、ある意味で、群衆の中で「王様は裸だ」と叫んでいるのに等しい。権力者を敵に回すのは誰もが怖い。だから、社会の大半の人は、かつての私のように自分が掘った穴に「王様の耳はロバの耳」と小さくつぶやいて、気を晴らしてきた。

しかし、インターネット時代が到来し、小さな「つぶやき」は瞬時に世界に拡散するようになった。私が「2ちゃんねる」で、粉飾決算を示唆する書き込みを目にしたのは、読者も覚えているだろう。企業の経営者や組織のトップは、不正についてもはや隠し事はできないという自覚を持つことが必要だ。むしろ、組織の透明性を高め、説明責任を果たすことが、自分の身を守ることにつながる。そうしないと、オリンパスのように、社会による怒濤の非難と追及の雪崩《なだれ》に呑まれて、会社存亡の危機に陥る。

最後に内部通報を考えている人にアドバイスしたい。まずは、組織内で解決できる方法がないか、信頼の置ける人と相談し、よくよく考えるべきだ。組織内の内部通報のホットラインも有力な選択肢の一つだ。それでも、組織が腐敗しきっていて、どうしようもない場合に初めて、外部に通報すべきである。その時も、決して、私怨や私憤が動機になってはならない。それでは単なる憂さ晴らしだ。あくまでも、公益・公憤、つまり、社会のためになるとの思いが大切だ。

組織に問題があるとしたら、解決できるのは組織人である私たちだけだ。傍観したり、ただ、立ち尽くすのではなく、勇気を持って一歩を踏み出そうではないか。

おわりに

深町　隆

　オリンパスは二〇一六年三月二日、米国および中南米における贈賄事案で刑事と民事の両訴追を免れるために、七四〇億円超の和解金を支払うことで米司法省と合意した。二〇〇六年から二〇一一年にかけて、同地域の医療機関や医師に対し、医療用内視鏡を販売するために、多額の寄付や医療機器の無償貸与をしたほか、豪華な海外旅行や食事などを提供したことが罪に問われた。米国事案での和解金は約七一〇億円で、米国において同様の罪で企業が支払った額としては過去最高になる。

　米司法省の刑事訴追書によると、これらの不正な利益供与が二〇〇六年から二〇〇七年にかけて集中的に行われていた。これは、菊川社長が粉飾決算の最終処理を模索していた時期と重なる。私は当時、医療事業の幹部が、菊川氏から「もっと利益を出してくれ」と発破をかけられるのを目撃している。一一〇〇億円を超える簿外損失の穴を埋めるためには利益が必要だった。

菊川氏の意向を受けて、医療事業の幹部はアクセルペダルを目一杯踏み込んだ。企業倫理や法令順守は顧みられなかった。米司法省は「OCA（オリンパス・コーポレーション・オブ・ジ・アメリカズ）には二〇〇九年までコンプライアンス責任者が存在しなかった」と驚きを隠さないが、私には不思議でも何でもない。菊川氏には、ブレーキなどは不要だった。

ここにおいて、オリンパスと東芝の粉飾決算事件は完全に交錯する。東芝は、二〇一一年の東日本大震災による福島第一原発事故の影響で、主力の原発事業が不振に陥ったために、歴代三社長が無理な利益創出に走った。それにより、内部統制の仕組みが無力化され、モラルハザードが全社に蔓延《まんえん》した。そして、粉飾決算の発覚とともに、会社存亡の危機に陥ったのである。

経営コンサルタントの小宮一慶氏は、「会社には良い会社、悪い会社はない。あるのは良い社長と悪い社長だけだ」と話す。その通りだと思う。

日本は戦後七一年間、戦禍に見舞われず、企業はその間、資本を大いに蓄積した。日本企業の現預金は過去最高レベルにある。誰が経営しても、過去の遺産を無難に運用することで、それなりの業績を上げることができる。そして、在任期間が長くなるにつれ、「自分は創業者や中興の祖に匹敵する偉大な経営者だ」と錯覚してしまう。

今こそ、真のリーダーシップが求められている。オリンパスや東芝のお粗末な歴代経営者を目の当たりにして、読者も同じ思いだろう。また、不正を正したのが、会社法で定められた取締役会、監査役・監査役会、監査法人ではなくて、いずれも、内部通報がきっかけだったことにも複雑な気持ちでいることと思う。実は、かくいう私もその一人なのである。

本来なら、社内の問題は建設的な話し合いで解決したい。だが、経営のトップが誤った方向に向かうと、どうにも、そうした機会が到来しない。不正に加担あるいは黙認するか、組織を辞めるか、さもなくば内部通報するかの究極の選択を迫られてしまう。その際の葛藤や精神的な苦痛は、言葉に表せないほど大きいものがある。

私が日本社会に早急に求めたいのは、

1　企業倫理や順法精神に富んだ手腕のある経営者を透明性の高いプロセスで選出する方法

2　問題のある経営者の速やかな退場を実現する方法

の確立である。内部通報者に組織や社会浄化の役割を全て背負わせるのは、あまりにも酷である。内部通報者保護のための法整備はいかにも不十分な一方で、不正を犯した人間への処罰は限りなく甘い。このような不均衡が放置されたままでは、健全な社会は育たない。

もう一つ、期待したいのが、日本社会の倫理面からの復興である。これは、より長期の課題となる。私がこれを強く意識するのは、オリンパスの粉飾決算では、実に多くの日本のエリート層が関与したためだ。

世間の相場では、粉飾決算を幇助したのは、アクシーズの中川昭夫・佐川肇氏、グローバル・カンパニーの横尾宣政氏、台湾系中国人のチャン・ミンフォン氏らということになっている。しかし、実際には、本書で指摘したように、世間で超一流と言われる法律事務所や会計事務所が関わっていた。二〇〇九年に設置された松本第三者委員会では、森・濱田松本法律事務所の宮谷隆弁護士、中村・角田・松本法律事務所の松本真輔弁護士が関与したが、二人とも東大法学部卒業である。新日本監査法人の会計士らも日本のエリートであることは言を俟たない。メーンバンクの三井住友銀行、三菱東京UFJ銀行も無罪とは言えまい。

エリートとは、本来、自分たちの優れた能力を公益のために使う人々のことを示すはずだ。しかし、戦後の日本社会は、戦前の全体主義への反省から、道徳教育を隅に押しやり、長らく「お金をたくさん儲けた人が一番偉い」という能力主義を貫いてきた。そのため、エリートが私欲に走る場面が随所で見られるようになってしまった。

その意味で、共著者の山口氏が、前著のタイトルを『サムライと愚か者』としたのは興味深い出来事だった。

私はキリスト教の信者ではないが、内村鑑三の著書が好きだ。彼の代表作の一つ、『代表的日本人』は、日本の精神的な偉人として西郷隆盛を取り上げている。サムライというと、一般の人々は戦国時代の武将や剣豪を思い浮かべるかもしれない。しかし、内村によると、西郷こそは、徳川三〇〇年の平和と教養の時代が生んだサムライ精神の最大の具現者であり、そのことは、同時代人である福澤諭吉や中江兆民、あるいは、内村の札幌農学校時代の親友である新渡戸稲造も認めていた。

西郷に私淑した庄内藩士が編纂したのが『西郷南洲遺訓』だが、その中の言葉に、「己れを愛するは善からぬことの第一也《なり》。修業の出来ぬも、事の成らぬも、過《あやまち》を改むることの出来ぬも、功に伐《ほこ》り驕謾《きようまん》の生ずるも、皆自ら愛するが為なれば、決して己れを愛せぬもの也」というのがある。この精神こそが、明治維新を成功に導いたのである。

私は今こそ、日本のエリートたちがサムライの精神を取り戻すことが必要だと、堅く信じている。やれ「ガバナンスだ」、やれ「コンプライアンスの強化だ」と、仕組みばかり作っても何の意味もないことをオリンパスや東芝は示した。要は器ではなく、そこに盛る中身の問題なのだ。

そして、組織の長に、サムライの心を持った人々が増えてくれば、自然に社会や国家も治まってくる。若い人たちも「日本も、まんざら悪い国ではない」と思うようになるだろう。隣国の住人たちも、もっと日本が好きになってくれるに違いない。

今回の手記では私の率直な思いを書き記した。この機会を与えて下さった平凡社新書の金澤智之編集長には厚く御礼を申し上げたい。

満開の桜花が春風にそよぐ休日にて

平成二八年四月三日

【著者】
深町隆（ふかまち たかし）
オリンパス事件第一通報者、現役社員。

山口義正（やまぐち よしまさ）
1967年生まれ。愛知県出身。法政大学法学部卒。日本公社債研究所（現格付投資情報センター）アナリスト、日本経済新聞社証券部記者などを経て、現在は経済ジャーナリスト。月刊誌『FACTA』でオリンパスの不透明な買収案件を暴き、第18回「編集者が選ぶ雑誌ジャーナリズム賞」の大賞を受賞。著書に『サムライと愚か者――暗闘オリンパス事件』（講談社）。

平凡社新書８１３

内部告発の時代

発行日――2016年５月13日　初版第１刷

著者――深町隆・山口義正

発行者――西田裕一

発行所――株式会社平凡社
東京都千代田区神田神保町3-29　〒101-0051
電話　東京（03）3230-6580［編集］
　　　東京（03）3230-6573［営業］
振替　00180-0-29639

印刷・製本―株式会社東京印書館

装幀――菊地信義

ISBN978-4-582-85813-6
NDC 分類番号335.15　新書判（17.2cm）　総ページ272
平凡社ホームページ　http://www.heibonsha.co.jp/

平凡社新書　好評既刊！

781
宮崎駿再考
『未来少年コナン』から『風立ちぬ』へ
村瀬学
石や風に地球規模の力を感得する世界――宮崎アニメの力をより豊かに受け取る。

782
移民たちの「満州」
満蒙開拓団の虚と実
二松啓紀
満蒙開拓団の体験者から託された資料を軸に描かれる〝等身大〟の満州。

783
忘れられた島々「南洋群島」の現代史
井上亮
太平洋戦争時、玉砕・集団自決の舞台となった南洋群島。なぜ悲劇は生まれたか。

784
カール・ポランニーの経済学入門
ポスト新自由主義時代の思想
若森みどり
市場社会を超えて、人間のための経済へ。ポランニーのすべてが詰まった一冊！

785
イルカ漁は残酷か
伴野準一
イルカ追い込み漁は日本の伝統か、残虐行為か。全ての議論はここから始まる！

786
「個人主義」大国イラン
群れない社会の社交的なひとびと
岩﨑葉子
組織になんか縛られない、みんな勝手に我が道を行く、ことはまるっきり別の社会！

787
水の常識ウソホント77
左巻健男
身近で不思議な物質「水」の本当の姿を、理科教育の第一人者が徹底解説。

788
世界のしゃがみ方
和式／洋式トイレの謎を探る
ヨコタ村上孝之
「和式トイレ」の観察を軸に、世界中のトイレの背景にある文化的事情を読む。